汉 语 知 识 丛 书

古汉语句读

季永兴 著

商務印書館
创于1897 The Commercial Press

图书在版编目(CIP)数据

古汉语句读/季永兴著.—北京:商务印书馆,2001(2025.3重印)
(汉语知识丛书)
ISBN 978-7-100-03280-3

Ⅰ.①古… Ⅱ.①季… Ⅲ.①句读—研究 Ⅳ.①H141

中国版本图书馆CIP数据核字(2001)第07004号

汉语知识丛书
GǓHÀNYǓ JÙDÒU
古汉语句读
季永兴 著

商务印书馆出版
(北京王府井大街36号 邮政编码100710)
商务印书馆发行
北京虎彩文化传播有限公司印刷
ISBN 978-7-100-03280-3

2001年12月第1版 开本787×1092 1/32
2025年3月北京第6次印刷 印张7
定价:46.00元

目 录

一　句读研究的对象

古汉语句读分析，人们首先注意的是“句”，即现代所说的句子。

中国人句读分析的顺序是句、读、字，而不是西方式的语素、词、词组、句子，这跟东西方不同的思维模式有关：西方重分析，东方则重综合。[①] 季羡林先生认为，“汉语没有形态变化，只看单独一个词儿，你就不敢判定它的含义。必须把它放在一个词组或句子中，它的含义才能判定。使用惯了这种语言的中国人，特别是汉族，在潜意识里就习惯于普遍联系，习惯于整体观念。”[②] 古汉语句读分析的句、读、字顺序，就是这种整体观念的具体体现。

下面我们分别讨论《马氏文通》，特别是《文通》以前人们在句读分析中对句、读、字的认识。

1. 句

关于句的定义，自唐代以来，一千二百年间，最具代表性的定义有三个。它们是：

凡经文语绝处谓之句。（唐代湛然《法华文句记》）

凡经书成文语绝处，谓之句。（宋代黄公绍、熊忠《古

---

①② 季羡林：《神州文化集成·序》，新华出版社 1991 年。

今韵会举要》)

凡字相配而辞意已全者,曰句。(清末马建忠《马氏文通》)

三个定义中的“语绝”、“辞意已全”都是强调意义和语气的完整,它们是一脉相承的。在我国,句的概念是指语意和语气完整的一段文字。

古代的“言”也有句的义项。如:

(1)诗三百,一言以蔽之,曰:思无邪。(《论语·为政》)

(2)楚一言而定三国,我一言而亡之。(《左传·僖公二八年》)

(3)子贡问曰:“有一言可以终身行之者乎?”子曰:“其恕乎?”(《论语·卫灵公》)

(4)(王充)著《论衡》八十五篇,二十余万言。(《后汉书·王充传》)

(5)君子一言以为知,一言以为不知,言不可不慎也。(《论语·子张》)

例(1)、(2)中的“言”,都是一句话。通常说的“一言为定”,以及“一言兴邦”、“一言丧邦”等,都是这个意思。例(3)、(4)中的“言”是一个字,通常说的“五言诗”、“七言诗”,就是这个意思。例(5)中第一、第二个“言”是一句话的意思,第三个“言”是言语,即说话。

尽管“言”有“一句话”或“一个字”的义项,作为句读分析的单位,它是不称职的。

古代学者以句作为句读分析的基本单位，又形成“句法”和“句绝”、“句断”等概念。例如：

(6)作文旨意句法故有规仿前人，而音节锵亮不嫌于同者。（宋，洪迈《容斋随笔》四笔卷九）

(7)句法则如或排队、或四字、或四六之类是也。（清，阎若璩《尚书古文疏证》卷八）

例(6)的“句法”是句子结构之法，而且说从来就有“规仿前人”的现象。例(7)的“句法”也是指句子结构，有的句子像排队，字与字并列，有的为四字句，有的以四字六字相间为句，等等。这就是不同的句子结构形式。

(8)《周礼·宫正》：“春秋以木铎修火禁，凡邦之事跸”。郑司农读“火”绝之，云“禁凡邦之事跸。国有事，王当出，则宫正主禁绝行者，若今时卫士填街跸也。”郑康成注“春秋以木铎修火禁”，句绝。（宋，孙奕《示儿编》卷十二）[①]

(9)《苏武传》：“若知我不降，明欲令两国相攻。”“降”字句绝。言得知我必不降，而必欲降我，是明欲杀我，令两国相攻也。颜注“明”字句绝。（清，王懋竑《读书记

---

① 《周礼注疏》原文为：“春秋，以木铎修火禁。凡邦之事跸，宫中庙中则执烛。”唐代贾公彦疏：“先郑读‘火’绝之，则‘火’字向上为句也。其‘禁’自与‘凡邦之事跸’共为一句。宫正既不掌跸事，若如先郑所读，则似宫正为王跸，非也。”（《十三经注疏》上册第657页，中华书局1980年。）按：“先郑”指郑众（公元？—83年），汉章帝建初年间为大司农，史家称为“郑司农”，亦称“先郑”，著有《春秋牒例章句》、《周礼注》等。郑玄，字康成，因汉献帝刘协建安初年为大司农，世称“郑大司农”，又称“后郑”。孙奕文中的“郑康成”即“后郑”，句绝有理。又：“跸”指古代帝王出行时，开路清道，禁止通行，泛指跟帝王出行有关的事情。

疑》卷六)[1]

(10)《尚书》:"夙夜出纳。"句绝。言汝能"夙夜出纳",而朕命乃惟久矣。"夙夜",勤慎之谓。《诗》曰:"莫肯夙夜。"(王懋竑《读书记疑》)

例(8)"句绝"处并非句,而是读,是"禁"字属上还是属下的问题。例(9)"句绝"处也是读,是"明"字属上还是属下的问题。例(10)"句绝"处还是读。据《尚书·舜典》载:"帝曰:'龙,朕圣谗说殄(tiǎn)行,震惊朕师。命汝作纳言,夙夜出纳朕命,惟允。'"[2]唐代孔颖达正义:"……纳言为喉舌之官也。此言主听下言纳于上,故以纳言为名。"王懋竑的"句绝"有道理。即当为:"命汝作纳言,夙夜出纳,朕命惟允。"

(11)"帝欲观古人象日月星辰之类以制衣,象宗彝之类以作服。"是"象"乃"仿像"之象,非"物象"之象也。盖"象"字不可为句断。若云"物象",则何得云古人之象。(元,王耕野《读书管见》卷上)

(12)《庄子·天运》:"杀盗非杀人。"[3]郭读"非杀"句断。(清,孙诒让《札移》)

例(11)说"'象'字不可句断",牵涉到对"象"字的理解。王耕

① 《汉书·苏武传》原句为:"若知我不降明,欲令两国相攻,匈奴之祸从我始矣。"颜师古注:"'若',汝也。言汝知我不肯降,明矣。"颜的句绝较为合适。(《汉书》第231页,《二十五史》(1),上海古籍出版社、上海书店1986年。)

② 唐,孔颖达:《尚书正义》第二十页,《十三经注疏》上册第132页,中华书局1980年。

③ 该句上下文为:"禹之治天下,使民心变。人有心而兵有顺,杀盗非杀,人自为种而天下耳。"郭庆藩辑《庄子集释》第233页。又:王先谦《庄子集解》第94页,句断同郭书。均见《诸子集成》(3),上海书店1986年。

野说"'象'乃'仿像'之象,非'物象'之象",即"象"是动字而非静字。"象日月星辰之类"跟"象宗彝之类"是同一结构形式,因而"象"字后面是不能点断的。"宗彝",是宗庙祭祀所用的酒器,又指酒器上的虎蜼(wěi)之类的纹饰。例(12)句断处为读,是"人"字属上还是属下的问题。孙诒让在"人"字后句断,合理。

"句绝"、"句断",古书中也说成"绝句"、"断句",含义基本相同,都是既指文句停顿的地方,又指文句结束的地方。

2. 读

"读"是汉代提出的概念。唐代湛然给"读"下的定义是:

语未绝而点之以便颂咏,谓之"读"。(《法华文句记》)

此后,各代学者基本沿用这一定义。如:

语未绝而点分之,以便颂咏,谓之读。(元代黄公绍、熊忠《古今韵会举要》)

凡有起、语两词而辞意未全者,曰读。(《马氏文通》第28页)

凡句读中,字面少长,而辞气应少住者,曰顿。顿者,所以便颂读,於句读之义无涉也。(同上,第404页)

这些定义,用的主要都是意义标准。《文通》将古代学者的"读"一分为二,即将"读"限制在"有起、语两词",其余均归之于"顿",可他自己实际上又常常混淆。20世纪20年代,金兆梓提出:"读与句的分别,是语气未绝已绝的不同。""西文文法的所谓呼吸群(breath group)恰与我国文法的读相当。……

《马氏文通》以子句当读，误呼吸群为意义群（sense group），而别以顿代读为呼吸群，与《韵会》分读的意思不相合了。……要晓得凡是意义群必兼为呼吸群，而凡是呼吸群却未必就是意义群，因为呼吸群是可以停顿的地方就停顿，不必定要不成句才算是呼吸群。”①应该说，古汉语的读，既是呼吸群，又是未成句的意义群。

何容在《中国文法论》中批评马建忠，说“他以中国固有的‘句’‘读’之名，表与西文法所谓 sentence 和 participle phrase 相当之实，是必然要弄得名实相违的。因为中国之所谓句与读，与西文法所谓 sentence 和 phrase，属于两个不同的范畴：后者是讲语句构造法（sentence structure）的术语，前者则是习惯上讲文章读断法（textual division）的用语；语句构造好比军事学上的部队编制，文章读断好比行军时的纵长区分。两套名称为用不同，涵义各殊，其相合为偶然，不合为必然；马氏把它混而为一，自不免顾此失彼，以致两皆失之。”②何容指出“句”、“读”跟西方语法的 sentence 和 phrase 不同，是有道理的，因为，两套术语的所指并不完全一样。可何说中国的“句”、“读”只讲“文章读断”，不讲“语句构造”，却未必有理。试想，文章读断是可以不顾语句构造的么？如果真是那样，那句读会是什么结果。从古代学者为一个字属上还是属下读断的讨论，我们可以知道，句读着眼的就是语句构造的问题。

---

① 金兆梓：《国文法之研究》第 58—59 页，商务印书馆 1983 年。
② 何容：《中国文法论》第 128 页，商务印书馆 1985 年。

“读”的概念在《马氏文通》中的定义和范围是：

凡有起、语两词而辞意未全者曰读。读之式不一，或用如句中起词者，或用如句中止词者，则与句中名代诸字无异；或兼附于起、止两词以表其已然者，则视同静字；或有状句中之动字者，则与状字同功。（第28页）

《文通》取“辞意未全”这个语义标准，却加了“有起、语两词”的限制。用现代的话来说，《文通》的“读”只相当于主谓结构。这个定义跟现代不同，跟古代也相异。因为，古人是把“语未绝”而需要停顿又可以停顿的地方都归之于读。例如：

(13)比其反也，则冻馁其妻子，则如之何？（《孟子·梁惠王下》）

按元代程端礼句读规则“或问中问目之末，‘何也’……‘如之何’之类，‘何也’之上并读。”现在的标点正确。《文通》只引前两读，分析为：

“比其反也”，一读，记冻馁之时。（第30页）

例(13)的上文是：“孟子谓齐宣王曰：‘王之臣，有托其妻子于其友，而之楚游者，比其反也，则冻馁其妻子，则如之何？’”这句中的四个“其”字，指的都是“王之臣”，既然“王之臣”“之楚游”，“冻馁之时”应是“之楚游”的时候，而不是“比其反”的时候。又由于《文通》给“读”加了“有起、语两词”的限制，“比其反也”跟定义不合。《马氏文通读本》编者只好加注：“‘其反’为读，不包括‘比’字。”[①]这样，跟定义矛盾的问题解决了，可那个“比”字又没有着落了。这一方面说明马建忠“读”的定义

① 吕叔湘、王海棻编：《马氏文通读本》第64页，上海教育出版社1986年。

有不足，另一方面也证明程端礼的句读原则和句读规则[①]有很强的解释力。

再看下面两例：

(14)孔子惧，作春秋。(《孟子·滕文公下》)

(15)有寒疾，不可以风。(《孟子·公孙丑下》)[②]

例(14)，《文通》说"'孔子惧'一读，明作《春秋》之由。"此例句读古今无异，可"作春秋"的还是孔子，就不仅仅是"记作事之故"了，因为就起词来说是两读共用的。例(15)"有寒疾"一读，没有问题，却又不符合《文通》"有起、语两词"的条件。

看来，从汉语实际出发，"读"的定义是大可不必用"有起、语两词"来加以限制的。古代句读分析中的"读"，就是"语未绝"处。从马建忠的"读"过渡到现代"读"结构的内部分析，这是一个进步。

事实上，唐代湛然给"读"下的定义，不仅影响《马氏文通》，而且一直影响到20世纪前半个世纪的中国现代语法学。如黎锦熙在《新著国语文法》中说："两个以上的词组合起来，还没有成句的，叫做'短语'，简称'语'，旧时叫'顿'或'读'。"[③]显然，黎认为，"读"就是"顿"，也就是现代语法学的"短语"。然而，"读"、"顿"都是从整体来分析的，并不涉及其内部结构(如主谓、补充、动宾、偏正、并列等)，跟"短语"颇有不同。

---

① 关于程端礼的句读原则和句读规则，详见本书"二、句读研究小史，§2宋元时期"的有关部分。

② 马建忠：《马氏文通》第30页，商务印书馆1983年。

③ 黎锦熙：《新著国语文法》第15页，商务印书馆1992年。

“顿”的概念是马建忠在《文通》中第一次提出来的。他说：

> 顿者，集数字而成者也。盖起词、止词、司词之冗长者，因其冗长，文中必点断，使读时不至气促。（《文通》第41页）

又说：

> 凡句读中，字面少长，而辞气应少住者，曰顿。顿者，所以便诵读，于句读之义无涉也。然起词、止词、转词，与凡一切加词，其长短之变，微顿将安归焉。（同上，第404页）

《文通》的顿，是就起词、止词、司词、转词而言。例如：

> (16)故讲事以度轨量，谓之轨；取材以掌物采，谓之物。不轨不物，谓之乱政。乱政亟行，所以败也。（《左传·隐公五年》）

对例(16)，《文通》说：“各句起词，皆为一顿。以上所引，起词之顿，皆以散动与其止、转之词为之者。”（第405页）例(16)属于传统句读分析中的读。

> (17)于故人子弟为吏及贫昆弟，调护之尤厚。（《史记·酷吏列传》）
>
> (18)以楚国堂堂之大，何求不得？（出处同上）

对例(17)，《文通》说：“‘于故人’至‘贫昆弟’一顿，‘之’指焉。”（第42页）按《文通》定义：“凡名代诸字为介字所司者，曰司词。”（第28页）例(17)的“于……昆弟”当为司词结构。对例(18)，《文通》说：“‘楚国堂堂之大’一顿，‘以’字司之，冠于句首，文势一振。”（第267页）这类司词结构属于句读分析中的读无疑。

《文通》的“顿”还在语词中出现。马氏说：

语词有为顿者。

凡曰语词，则动字与其所系者皆举焉。然既曰语词，即句读也，何以顿为！盖单行语词之为句读也，固矣。有时语词短而多至三四排者，诵时必少住焉，此其所以为顿也。（第405页）

《文通》列举的例子如：

(19)今陛下昭至德，开大明，配天地，本人伦，劝学兴礼，崇化厉贤，以风四方，太平之原也。（《汉书·儒林传》）

《文通》分析此例说："'陛下'后，三字者四，四字者二，要皆为语词，谓之为顿也可，谓之为句也亦可。"（第405页）上例中的顿"谓之为句"万万不可，古今都无此分析。《马氏文通读本》编者为此加注："此处说'昭至德'至'崇化厉贤'六顿'谓之为句也亦可'，不合《文通》体系，疑'句'应为'读'。以次各句仿此。"[①]编者的话是对的。这样，马建忠自己也认为，这里的"顿"也可以分析为"读"。实际上，此例属程端礼句读规则(4)"目在上而纲在下"的条件。

此外，《文通》还讨论了"止词、转词有为顿者"、"状语有为顿者"、"同次有为顿者"、"言容诸语有为顿者"等。

本来，马建忠是要设"顿"作为字和读之间的一级单位，这由他在"论句读"一章中先讨论"顿"，次为"读"，最后才是"句"可以看出。又由于他把"读"的范围限制得过于狭窄，"顿"的范围就不得不扩大，以至跟传统句读学中的"读"出现许多的

① 吕叔湘、王海棻编：《马氏文通读本》第669页，上海教育出版社1986年。

交叉。设“顿”为一级句读单位，是一个有创新意义的构想，可必须研究出一个明确的界定。

3. 字

作为句读分析的基本单位，字是组读构句的初始元素，即刘勰说的“因字而生句”。

由于汉字的独特性，一个字在形、音、义上都是相对独立的，在句读分析中似乎不成问题。倒是引进西方语法学中的语素、词、词组等概念后，作为汉语语法单位的字的地位，反而引起人们的讨论。

赵元任先生(1892—1982 年)认为，“印欧系语言中 word(词)这一级单位……，它在汉语里没有确切的对应物。在汉语的文言阶段，即古代经典和早期哲学家所用的语言中，单个音节恐怕在相当程度上类似西方观念中的一个 word。”“也就是说，在说英语的人谈到 word 的大多数场合，说汉语的人说到的是‘字’。这样说绝不意味着‘字’的结构特性与英语的 word 相同，甚至连近于相同也谈不上。……所以，‘字’这个词，严格地说是‘字’这个字，就仅仅是指在学校里教授的、在语文工具书里被解释的、书写上作为独立的单位而彼此分开的、人们意识到语言里的微小变化时最常谈起的那个普通的、短短的话语成分。”①也就是说，“字”在古汉语中跟印欧系语言的词有相似之处，可两者结构特性不同。

---

① 赵元任：《汉语词的概念及其结构和节奏》，《中国现代语言学的开拓和发展——赵元任语言学论文选》第 233—234 页，清华大学出版社 1992 年。译文略有调整。

吕叔湘先生(1904—1998 年)也指出:"汉语……现成的是'字',语言学家的课题是研究哪些字组是词,哪些是词组。汉语里的'词'之所以不容易归纳出一个令人满意的定义,就是因为本来没有这样一种现成的东西。其实啊,讲汉语语法也不一定非有'词'不可。"①

近年来,徐通锵先生提出"字本位"说,目的正是"使'印欧语的眼光'的影响尽可能地早日退出汉语的研究"②。他还说:"汉语的研究不能离开字,字是汉语的基本结构单位,也是最小的结构单位。"③

"辞"在古汉语句读分析中是指以语气词为主的虚词。例如:

(20)思皇多士,生此王国。(《诗经·大雅·文王》)

(21)采采芣苡(fú yǐ),薄言采之。(《诗经·周南·芣苡》)

(22)汉有游女,不可求思。(《诗经·周南·汉广》)

(23)叔善射忌,又良御忌。(《诗经·郑风·大叔于田》)

例(20)中的"思",例(21)中的"薄",例(22)中的"思",例(23)中的"忌",西汉毛亨在《毛诗故训传》中都说"辞也"。上几例有句首的"辞",也有句尾的"辞"。毛传中的"辞"都是在句中表达语气的字,可以认为,毛亨已有了初步的虚、实观念。

唐代孔颖达《诗经·关雎》疏:"句必联字而言,……然或

① 吕叔湘:《语文常谈》第 45 页,生活·读书·新知三联书店 1980 年。
② 徐通锵:《核心字和汉语的语义构词法》,《语文研究》1997 年第 3 期。
③ 徐通锵:《语言论》第 434 页,东北师范大学出版社 1997 年。

全取以制义，‘关关雎鸠’之类是也；或假辞以为助，‘者’、‘乎’、‘而’、‘只’、‘且’之类是也。”孔颖达又说：“‘之’、‘兮’、‘矣’、‘也’之类，本取以为辞，虽在句中，不以为义，故处末者，皆字上为韵。‘之’者，‘左右流之’、‘寤寐求之’之类也；‘兮’者，‘其实七兮’、‘迨其吉兮’之类也；‘矣’者，‘颜之厚矣’、‘出自口矣’之类也；‘也’者，‘何其处也’、‘必有与也’之类也；……此等皆字上为韵，不为义也。”[1]孔颖达第一次提出语义标准“制义”、“为助”来辨别实字、虚字，又以“不为义”给辞下了一个明确的定义。

应该说明，“字”和“辞”是不同的概念。作为句读单位的字，是组读构句的初始元素，是最基本的结构单位。而辞在古汉语句读分析中是指以语气词为主的虚字，它是从字在句中所起的作用来说的，是字的用法问题。再有，辞还可以是两个或两个以上的字。如：

(24)《诗·猗嗟》：“猗嗟昌兮”。“猗嗟”，叹辞。（汉，毛亨《诗毛传》，宋，朱熹《诗集传》）

(25)《诗·麟之趾》：“于嗟麟兮”。“于嗟”，叹辞。（汉，毛亨《诗毛传》，宋，朱熹《诗集传》）

例(24)、(25)双音节叹词“猗嗟”、“于嗟”，汉代毛亨已注明，宋代朱熹维持毛说。

(26)《论语》：“已矣夫，吾为见好德如好色者也。”孔安国曰：“‘已矣’，发端叹辞。”（汉，孔安国《论语注》）

① 孔颖达：《毛诗正义》第6页，《十三经注疏》上册第274页，中华书局1980年。

例(26)孔氏取“已矣”为双音节叹词,其实,“已矣夫”当为三音节叹词。

(27)《汉书·沟洫志》,瓠子歌云:“薪不属兮,卫人罪,烧萧条兮,噫乎,何以御水!”师古云:“‘噫乎’,叹辞。”(唐,颜师古《汉书注》卷二十九)

(28)《史记》:“吁嗟徂(cú)矣,命之衰矣。”“吁嗟”,嗟叹之辞也。(唐,司马贞《史记索隐》卷六十七)

(29)《诗·臣工》:“嗟嗟臣工,敬尔在公。”正义曰:“‘嗟嗟’,叹声。将敕而嗟叹,故云‘嗟嗟’。”(唐,孔颖达《毛诗正义》)

(30)《诗·玄鸟》:“景员维河”。疏:“言‘维何’者,皆是设问之辞。……‘河’当为‘何’,‘维何’既是问辞。”(唐,孔颖达《毛诗正义》)

上四例为唐代学者注明的叹辞和问辞:“噫乎”、“吁嗟”、“嗟嗟”和“维何”。例(29)《臣工》诗中后有“嗟嗟保介,维莫之春”句,“嗟嗟”同为叹辞。

宋代除前引朱熹注明的叹辞外,再看下面的例:

(31)《论语》:“子曰:‘呜呼,曾谓泰山不如林放乎!”“呜呼”,叹辞。(朱熹《论语集注·八佾》)

(32)《诗·噫嘻》:“噫嘻成王”。“噫嘻”,亦叹辞也。(朱熹《诗集传》)

(33)《诗·北风》:“其虚其邪,既亟只且。”“虚”,叹辞;“只且”,皆叹声。(宋,王质《诗总闻》卷三)

上三例为宋代学者注明的双音节叹辞:“呜呼”、“噫嘻”、“只且”。例(33)中的“虚”,王质解为叹辞可疑,当为实义字。

元代以后，自卢以纬的《语助》一书开集中研究“语辞”之先河，专著不断出现。研究者不管以“辞”还是以“字”标其书名，如卢以纬的书又名《助语辞》，清代袁仁林的《虚字说》、刘淇的《助字辨略》等，都是研究句读结构初始元素“字”的一部分，可研究对象并不以单字为限。

二　句读研究小史

古汉语句读是我国古代的语文研究者在进行长期研究中形成的对汉语句子结构的认识。句读研究萌芽于先秦，提出于汉代，构成体系于宋元，明清时代更有新的发展。

1. 先秦时期

在句读观念形成之前，人们对汉语句子及构成句子的字已有较深刻的认识。

《春秋·僖公十六年》："春，王正月，戊申，朔，陨石于宋，五。是月，六鹢退飞，过宋都。"

> 《公羊传》解："曷为先言'陨'而后言'石'？'陨石'记闻，闻其磌(tián)然。视之则'石'，察之则'五'。……曷为先言'六'而后言'鹢'？'六鹢退飞'，记见也。视之则'六'，察之则'鹢'，徐而察之，则'退飞'。"①
>
> 《谷梁传》解："先'陨'而后'石'，何也？'陨'而后'石'也。'于宋'，四竟之内曰宋。后数，散辞也，耳治也。……'六鹢退飞，过宋都'，先数，聚辞也，目治也。"②

---

① 汉何休解诂、唐徐彦疏：《春秋公羊传注疏》第 60—61 页，《十三经注疏》下册第 2254—2255 页，中华书局 1980 年。

② 晋范宁集解、唐杨士勋疏：《春秋谷梁传注疏》第 34 页，《十三经注疏》下册第 2398 页，中华书局 1980 年。

《公羊传》由六国时子夏弟子公羊高口传，到西汉景帝（公元前156—前141年在位）时传至玄孙公羊寿，才与齐人胡母生（子都）记录成书。《谷梁传》六国时鲁人谷梁赤所传，相传他也是子夏的弟子，该书也到西汉时才整理而成。公羊高、谷梁赤都注意到汉语字序，“陨石于宋五”是从听觉闻声、视石、数五的思维程序来说的，“六鹢退飞”是从视觉数六、察鸟、徐察才见退飞的思维程序来说的[①]。至于数词在句子结构中的位置，杨树达认为：“按静字有二用法：一置于名词之上，一在句中为补足语，则置于名字之后，今通行文法书皆言之。然在吾国，传《春秋》者早已留意及此，而分赋以聚词、散辞之定名矣。”[②]

公孙龙著名的《坚白论》、《白马论》，有人认为是形而上学的诡辩逻辑，这里不必讨论。《坚白论》中有这样一段对话：

> 曰：得其所白，不可谓无白；得其所坚，不可谓无坚。而之石也，之于然也，非三也？
>
> 曰：视不得其所坚，而得其所白者，无坚也；拊不得其所白，而得其所坚者，无白也。[③]

这里说的是，有人问，既然感知到白色，就不能说无白；感知到坚硬，就不能说无坚。拿这块石头来说，它就是这样，这不是坚硬、白色、石头三者具备吗？主人答，看时不见坚硬，只见白色，不涉及坚；摸时不知白色，只知坚硬，不涉及白。公孙龙采

---

① 参温公颐《先秦逻辑史》第173页，上海人民出版社1983年。

② 杨树达：《高等国文法》第13页，商务印书馆1984年。

③ 公孙龙：《坚白论》，引文见周昌忠《公孙龙子新论》第123—124页，上海社会科学出版社1991年。

用问答体反驳“坚白石三”，坚持他的“坚白离”论。从语言角度看，坚、白、石三者当然不能并列，“坚”、“白”是事物的性质，现在称为形容词；“石”是事物本体，现在称为名词。洪诚先生说：“古代汉语只有‘白石’或‘坚石’这种词组成‘石既白且坚’这种句子，确没有‘坚白石’的话。……从语言学角度看公孙龙子，他注意词语的句法分析，对用词造句的研究，有促进作用。”①

关于句子结构，在先秦时代也引起人们的注意。上述《春秋公羊传》、《春秋谷梁传》的例，就分析到汉语句子结构的字序问题。再看下面的例：

(定公)二年，……夏，五月，壬辰，雉门及两观灾。

《公羊传》解：“其言‘雉门及两观灾’何？‘两观’，微也。然则曷不言‘雉门灾及两观’？主灾者，两观也。时灾者‘两观’，则曷为后言之？不以微及大也。”②

《谷梁传》解：“其不言‘雉门灾及两观’，何也？自两观始也，不以尊者亲灾也。先言‘雉门’，尊尊也。”③

上面的例，语序分析别开一面，语义分析又跟语用价值结合，令人叹服。上例的变换式有如下几种：

(A)雉门及两观灾。

(B)两观及雉门灾。

---

① 洪诚：《中国历代语言文字学文选》第 30 页，江苏人民出版社 1982 年。

② 汉何休解诂、唐徐彦疏：《春秋公羊传注疏》第 141 页，《十三经注疏》下册第 2335 页，中华书局 1980 年。

③ 晋范宁集解、唐杨士勋疏：《春秋谷梁传注疏》第 79 页，《十三经注疏》下册第 2443 页，中华书局 1980 年。

(C)雉门灾及两观。

(D)两观灾及雉门。[①]

上述变换式(B)符合事实,可微者居前,不符合尊尊要求;(C)不符合事实,并认为尊者"雉门"靠近"灾"也不好;(D)符合事实,尊者"雉门"居后,同样不符合尊尊要求。所以,只能是或最好还是用句式(A)。又如:

(哀公三年)五月,辛卯,桓宫僖宫灾。

《公羊传》解:"……何以不言'及',敌也。"[②]

《谷梁传》解:"言'及'则祖有尊卑。由我言之,则一也。"[③]

这里是说,"雉门及两观"用"及","桓宫僖宫"为什么不用"及"。公羊高说:"敌也。"东汉何休(公元129—182年)随文注:"亲过高祖,亲疏适等。"对谷梁赤的"由我言之,则一也",唐初杨士勋疏:"凡言'及'者,皆以尊及卑,等者不言'及'。若自祖言之,则有昭穆,昭尊可以及穆。若自我言之,则远祖亲尽,尊卑如一,故不言'及'。"从公羊、谷梁到何休、杨士勋都认识到,虚词"及"连接的两项是前尊后卑、前重后轻。虚字研究在我国成绩卓著,是句读分析的重要组成部分。详细情况以后再说。

关于字(现代说"词")的类别,先秦时代也有论述。这里

---

① 参洪诚《中国历代语言文字学文选》第73—76页,江苏人民出版社1982年。

② 汉何休解诂、唐徐彦疏:《春秋公羊传注疏》第152页,《十三经注疏》下册第2346页,中华书局1980年。

③ 晋范宁集解、唐杨士勋疏:《春秋谷梁传注疏》第85页,《十三经注疏》下册第2449页,中华书局1980年。

仅举一例。

杨树达二三十年代就指出:“若夫分析词类,辨别词位,如今之所谓文法学者,在周代已有其萌芽,观孔子所记之《春秋》及《公羊》、《谷梁》二传之所解说,可以证也。”例之一为:

(1)僖公元年,夏六月,邢迁于陈仪。

(2)僖公三十一年,十有二月,卫迁于帝丘。

(3)成公十五年,许迁于叶。

(4)昭公元年,许迁于夷。

(5)庄公十年,三月,宋人迁宿。

(6)闵公二年,春王正月,齐人迁阳。

上六例,都用动词“迁”,(1)(2)(3)(4)例为“自迁”,(5)(6)例为“我迁人”。《公羊传》解:“迁者何?其意也;迁之者何?非其意也。”①杨树达说:“解释二事之不同,至为精确。盖自迁者出于己意;我迁人者,人被我迁,不由被迁者之意,故云非其意也。”②

从上面的实例可以看出,先秦诸子已经注意到句子的字序和结构问题,以及字的类别问题。几乎涉及现代语法学的各个方面。当然,这些探讨都是零碎的,不成体系。可正是这些研究成果为汉语句读学的形成和发展打下了坚实的基础。

2. 汉唐时期

句读之学兴起于汉代,除有先秦学术研究的基础外,更重

---

① 汉何休解诂、唐徐彦疏:《春秋公羊传注疏》第 52 页,中华书局 1980 年。

② 杨树达:《高等国文法》第 11—12 页,商务印书馆 1984 年。

要的还有两汉的社会原因和现实的教与学的需要。

先秦时期，书籍较少，人口不多，读书人更不多。老师教学生，口耳相传。据《礼记·学记》载："古之教者，家有塾，党有庠，术有序，国有学。比年入学，中年考校。一年视离经辨志，三年视敬业乐群，五年视博习亲师，七年视论学取友，谓之小成。九年知类通达，强立而不反，谓之大成。"[①]他们研习字形、字音、字义，当然也离不开句子分析。看来，当时的学校隔年会考一次，三、五、七、九年分出四个等级，各有不同的侧重点。入学的第一年就要考"离经辨志"，因为这是基础的基础。所谓"离经"，经学家郑玄（公元127—200年）注："断句绝也。"也就是离析经文语言形式，点断句子；"辨志"，就是辨析经文的思想内容，能够理解。

秦统一六国，焚书坑儒，实行文化专制。焚书时，民间有人将一些经典埋藏起来，西汉前期相继发现。西汉末年，以刘歆(xīn)为代表的古文经学学派开始揭穿今文经学学派的盲目性和偏私性。今文经是指汉文帝时凭老儒记忆背诵、口耳相传的经文和解释，由弟子用当时的文字——隶书记录下来的经典。汉武帝采纳董仲舒"罢黜百家，独尊儒术"的建议，设五经博士，他们传授的就是今文经学。西汉以后，古文经学逐渐兴起，今文经学因拘于师承家法，流于烦琐和诞妄，因而逐渐衰微。

古文经，指用秦统一以前的篆书抄写的经典。王莽建立新朝，采用刘歆（公元？—23年）的建议，立古文经学博士，以排斥

① 孔颖达：《礼记正义》第293页，《十三经注疏》下册第1521页，中华书局1980年。

今文经学。古文经学重名物训诂，以考证为特色，重经籍所证事实，提倡文字学和考古学，这就是后世所说的“汉学”。古文经学盛行于东汉。从魏晋至隋唐的六七百年间，东汉郑玄（公元127—200年）学派流传很广，影响很大。直至清代的乾嘉学派，他们提倡汉学，对郑学仍有许多可贵的发挥和阐述。

何休（公元129—182年）与郑玄为同时代人。他钻研今文诸经，历十七年撰成《春秋公羊传解诂》，为《公羊传》制定“义例”，系统地阐发《春秋》中的“微言大义”。他在该书《序》中第一次让“句读”二字连出。何休说：

> 传春秋者非一，本据乱而作，其中多非常异义可怪之论。说者疑惑，至有倍经任意、反传违戾者。其势虽问，不得不广。是以讲诵师言至于百万，犹有不解，时加酿嘲辞。援引他经，失其句读，以无为有。甚可闵笑者，不可胜记也。[①]

“援引他经，失其句读”，是指有些人在引用其他的经文的时候，不知何为句何为读，随意摘录。这样，当然无法准确地理解原文的意思，“以无为有”，惹人闵笑，也是很自然的事。何休说这种现象多到“不可胜记”，那证明，当时无论是读今文经，还是读古文经，“句读”问题都成了十分突出的问题。从先秦至汉代，由于口头语言的变化，典籍书面语好些已有语言障碍。字形、字音、字义当然是读书人需要解决的问题，因而，研究文字、音韵、训诂是必不可少的事。作为表意符号的字，它总是出现在

① 汉何休解诂、唐徐彦疏：《春秋公羊传注疏·何休序》第1—2页，《十三经注疏》下册第2190—2191页，中华书局1980年。

一定的语言环境之中。同一个字，属上或属下意义有别；字形不变，字音、字义会不同，这些就要在句读中才能作出准确的判断。因而，何休说的“失其句读”，是万万要不得的。

句读观念的形成，经历了很长时间的酝酿。在我国，句读是章句的一部分。据《汉书·艺文志》载：《易》章句有施、孟、梁邱氏各二篇。《书》有欧阳章句三十一卷，大小夏侯章句各二十九卷。《春秋》有公羊章句三十八篇，谷梁章句三十三篇。《汉书·张禹传》：禹为《论语》章句。《后汉书·儒林传》：包咸入授太子《论语》，又为其章句。清焦循的《孟子正义》是以东汉赵岐（约公元108—201年）《孟子章句》为蓝本的，所以焦氏说，“赵氏章句命名，其来尚矣。”①清代孙志祖说：“赵岐注《孟子》，不但文异也，其句读亦异。”（《读书脞录》卷二）赵岐将《孟子》七篇分为14卷，逐字逐句详加诠解，在语句之中夹有训诂，解词与串讲结合，篇末以章指与注文相互补充。人称《孟子章句》是《孟子》注解中开辟荒芜之作，使后世学者得以循途而深造。其实，孟子（约公元前372—前289年）距赵岐不过四百余年，不可能有此前诸经那么大的文字障碍。由此，我们知道章句之学在当时是多么盛行。可惜章句诸书，今多不传，我们现在见到的仅有后世如宋代朱熹《大学章句》、《中庸章句》等一小部分。

本来，章句之学就是“离章辨句”（《后汉书·桓谭传》）之学，章句包含着训诂，后世训诂也离不开章句。章句之学走向衰微，主要在于五经博士们对“五经”逐字逐句地进行越来

---

① 焦循：《孟子正义》第19页，《诸子集成》(1)，上海书店1986年。

越烦琐的解释，以求发现所谓的“微言大义”，为常人所不取。据桓谭（公元前23？—公元56年）《新论·正经》载：“秦延君能说《尧典》，篇目两字之说，至十余万言；但说‘曰若稽古’三万言。”四百余年后，南朝齐梁时刘勰（公元约465—约532年）还说：

> 若夫注释为词，解散论体，杂文虽异，总会是同。若秦延君之注《尧典》，十余万字，朱普之解《尚书》，三十万言，所以通人恶烦，羞学章句。若毛公之训《诗》，安国之传《书》，郑君之释《礼》，王弼之解《易》，要约明畅，可为式矣。①

由于人们“羞学章句”，使烦琐的章句之学走向衰亡，可简明的章句之学还有它存在的理由。

东汉高诱（生卒年不详）在《淮南子注》的《叙》中说：“自诱之少，从故侍中同县卢君受其句读，诵举大义。”②这里不仅告诉我们，高诱少时的老师卢植（公元159—192年）十分注重句读，而且说明，卢授的句读跟别人不完全一样，句读有异，“大义”也就不同。卢植曾师事遍注《周易》、《尚书》、《毛诗》、《三礼》、《论语》、《孝经》和《老子》、《淮南子》的马融（公元79—166年）。据史籍记载，马融又曾从《汉书》作者之一班昭（公元约49—约120年）“受读”③。卢通古文经学、今文经学，精研诸经而不墨

---

① 刘勰：《文心雕龙·论说》，引文见周振甫《文心雕龙今译》第170页，中华书局1986年。

② 高诱：《淮南子注·叙》第2页，《诸子集成》(7)，上海书店1986年。

③ 《后汉书·曹世叔妻》（即班昭）载：“《汉书》始出，多未能通者，同郡马融伏于阁下，从昭受读。”《二十五史》(2)第285页，上海古籍出版社、上海书店1986年。又：《马融传》载：“融才高博洽，为世通儒，教养诸生，常有千数。涿郡卢植，北海郑玄，皆其徒也。”同上，第215页。

守章句，著有《尚书章句》、《三礼解诂》、《周易注》等。可惜，马融、卢植的书今都不存。高诱自称是"以朝餔事毕之间，乃深思先师之训，参以经传道家之言，比方其事，为之注解"。这样，我们从高诱的《淮南子注》也可以看到马融、卢植关于句读研究的部分成果。其实，刘安（公元前179—前122年）距马融、高诱不过两百多年，他的《淮南子》就一再有人作注，除了其以道家的自然天道观为中心、综合先秦道、法、阴阳等各家思想的内容外，也有语言障碍和社会重视句读等原因。

后魏孙惠蔚说："欲裨残补阙，损并有无，校练句读以为定本，次第均写，永为常式。"（《上疏请校补秘书》[后魏文十四]）这里的"定本"、"常式"，除裨补、损并外，特别强调了"校练句读"，可见"句读"当时在人们心目中的地位。

唐代佛教天台宗高僧湛（zhàn）然（公元711—782年）第一次给句读下了一个明确的定义。他说："凡经文语绝处谓之句，语未绝而点之以便诵咏，谓之读。"（《法华文句记》卷一）这个定义一直使用到《马氏文通》。且看马氏的"界说"：

> 界说十一　凡字相配而辞意已全者，曰句。（第24页）
>
> 要之，起词、语词两者备而辞意已全者曰句。（第28页）
>
> 界说二十三　凡有起、语两词而辞意未全者，曰读。（同上）

马建忠从西方引进了"起词"、"语词"这样的术语，可决定是句还是读的仍是"辞意已全"和"辞意未全"这样的意义标准。

我国唐代有一个著名的古文运动，首先发起的是韩愈（公

元768—824年)。古文运动规模宏大,影响深远。可韩愈自己说:

> 愈之为古文,岂独取其句读不类于今者邪。思古人而不得见,学古道则欲兼通其辞;通其辞者,本志乎古道者也。①

韩愈、柳宗元等的古文运动,反对六朝以来的骈丽文风,提倡散体,特声明不仅句读文体需要改变,思想内容也要改变。"通其辞"是他们的手段,"学古道"才是他们的目的。韩愈在他的《师说》中曾言:"彼童子之师,授之书而习其句读者,非吾所谓传其道、解其惑者也。句读之不知,惑之不解,或师焉,或不焉。"②韩愈明确地认识到,"习其句读"是基础,在这个基础上,才能进一步去"传其道、解其惑"。

唐代的元稹(公元779—831年)与白居易齐名,他推崇杜甫,同白居易倡导新乐府运动。他说,乐府"往往兼以句读短长为歌诗之异。"(《乐府古题序》)乐府不同于五言、七言律诗绝句的重要标志,就在于"句读短长"比较自由。他也注意到"苏子卿、李少卿之徒,尤工为五言,句读文律各异,雅郑之音亦难。"(《杜君墓志铭》)可见,在公元8—9世纪的中国,无论为诗为文,句读问题人们都是十分留心的。

3. 宋元时期

宋代理学盛行,朱熹(公元1131—1200年)为集大成者。

---

① 韩愈:《题欧阳生哀词后》,《韩昌黎全集》第311页,中国书店1991年。
② 韩愈:《师说》,同上,第186页。

朱熹一生，主要精力用于聚徒讲学，研究学问，广注经籍。他注重字的形、音、义，由字义、句义的诠释体会文意，并注意语言的歧义现象，能根据具体的上下文作出合理的解释。北宋张耒（公元1054—1114年）就指出：

江河淮海之水，理达之文也，不求奇而奇至也；激沟渎而求水之奇，此无见于理，而欲以言语句读为奇之文也。自唐以来，至今文人好奇者不一。甚者，或为缺句、断章，使脉理不属，又取古书训诂希于见闻者衣被而说合之，或得其字不得其句，或得其句不得其章，反复咀嚼，卒亦无有，此最为文之陋也。[①]

张耒说到的“最为文之陋”者，是指那些无深刻的思想内容，“而欲以言语句读为奇之文”的人。汉语句子结构千变万化，要想以言语句读为奇文，那是比较容易做到的，可这绝不是为文之本。

岳飞之孙、南宋岳珂在他的《九经三传沿革例》中有专论“句读”的篇章。他说：“监蜀诸本皆无句读，惟建本始仿馆阁校书式从旁加圈点。开卷了然，于学者为便，然亦但句读经文而已。”[②]这里的句读，显然是指标点。可标点不过是句读分析成果的形式标志。一个人如果不懂句读分析，或者句读分析不准确，那他要标点文句不是根本不可能，就是标点错误，乃至一塌糊涂。宋代的标点形式，据宋人毛晃《增修互注礼部韵略》载：“今秘书校书式，凡句绝则点于字之旁，读分则微点

① 张耒：《张右史文集》（二）第456页，《四部丛刊》初编缩本。

② 岳珂：《九经三传沿革例》，引文转引自郑奠、麦梅翘编《古汉语语法学资料汇编》（以下简称《汇编》）第209页，中华书局1964年。

于字之中间。”当时的句读符号尽管简单，却已比较规范。它不仅用于教学或校勘，还用于一些出版的书籍。

由此可见，句读在宋代已经相当规范，并广为学者注重。就史料所见，第一次出现“句读之学”的名称则已是元代。宋末学者胡三省（公元1230—1302年）在他的《通鉴释文辨误》中说：

> 每见为句读之学者，于一句之间，截而分为上下句，求发先儒之所未发者，以见圣贤深意。若文意自来通顺，而于一字两字或四三字之间划分句读，以为新奇，似不必尔。①

胡三省的论述，至少有以下几点值得我们注意：其一，句读之学至迟在元代已得到承认。从那时到现在，汉语句读学已有七百多年的历史了。其二，一句之间，截分不同，意思也就不同。“求发先儒之所未发”，就由这句读来定夺。其三，同为句读之学的人，有的为追求“新奇”，一字、两字、三字、四字，随自己的需要来划分，以至原来通顺的文意，倒让他们给搅乱了。由此，我们可以想到，当时句读之学相当盛行。因为，教书的人和读书的人都得面对着它。先秦古籍越来越古，两汉古籍在当时也需要句读和注释了。再有，自西汉时代就设有“校书郎”的职位，虽不是什么显要官职，却有重要的学术地位。西汉的兰台和东汉的东观作为藏书室，都置学士于其中，点校藏书。三国以后，晋隋唐宋辽金元，或置官，或无官，但都少不了这类职位。在这些人的影响推动下，当时精于此道、长于句读

① 胡三省：《通鉴释文辨误》，引文转引自《汇编》第209页。

学的人一定不少。作为秘书省的校书郎，必须是对句读学有研究的人。否则，他当不上校书郎，即使当上了，不知何为句，何为读，又怎么去点校藏书。

元代刘因（公元 1249—1293 年）更强调："句读训诂不可不通，惟当熟读，不可强解。"（《静修集·叙学》）刘因将"句读"、"训诂"并列，句读在训诂之前，当是先句读后训诂之意，因为，句读正是训诂的基础。所以，清代江藩说："说经必先审句读。"（《经解入门》卷四）没有句读分析的基础和能力，读不懂古书，也写不出文章。

元代集句读学之大成者当推程端礼。他在《程氏家塾读书分年日程》[1]中从批点的角度归纳句读的语义特征和形式特征，实是当时句读之学的纲要。我们先看他的"句读例"：

句：举其纲；文意断。

读：者也相应；文意未断；覆举上文；上反言而下正；上有呼下字；下有承上字。[2]

这是句读分析的总的原则。句的原则两条："举其纲"重在结构形式，纲目相合为句；"文意断"重在语句内容，语意断绝为句。读的原则六条："者"、"也"相应，覆举上文，上有呼下字，下有承上字，四条都重在形式标志；文意未断，上反言而下正，两条重在语句内容。为便于下面的讨论和以后的运用，我们将这些分析句读的原则简称为"二、六原则"。

---

① 从该书序文看，有写于元至顺三年（公元 1332 年）的，成书当不会晚于这个时间。

② 程端礼：《程氏家塾读书分年日程》卷二第 20—21 页，《四部丛刊续编》(49)上海书店 1984 年。

程端礼为说明“二、六原则”，他给每一条原则都举了例。现将他收录的例句摘录如下，并略加说明。例如：

(1)“举其纲”为句。如：

大学之道，在明明德，在亲民，在止于至善。

“大学之道”为纲，“在明明德”、“在亲民”、“在止于至善”为目，“纲”、“目”相合为句。

(2)“文意断”为句。如：

此对小子之学言之也。

“此”承上，“也”结尾，文意已断，是为句。

(3)“‘者’、‘也’相应”为读。如：

大学者，大人之学也。

“大学者”为读，“大人之学也”为读，合起来为句。

(4)“文意未断”为读。如：

言既自明，其明德，又当推以及人，使之亦有以去其旧染之污也。

“言既自明”，“言既自明，其明德”，两处均文意未断；“言既自明，其明德，又当推以及人”，文意可断，若无后句，当可为句；因后句“使之亦有以去其旧染之污也”语意紧密相连，故至此方为句。

(5)“覆举上文”为读。如：

曰然，则此篇所谓在明明德、在亲民、在止于至善者，其可得而闻其说之详乎。

“则此篇所谓……者”为覆举上文，故为读。

(6)“上反言而下正”为读。如：

不亲其亲，不长其长，则所厚者薄，而无以及人之亲长。

“不亲其亲，不长其长”，反言，为读；“则所厚者薄，而无以及人之亲长”，正言，为读，合起来为句。

(7)“上有呼下字”为读。如：

中庸何为而作也，子思子忧道学之失其传而作也。

上“……而作也”，为读；呼下“……而作也”，为读，合起来为句。

(8)“下有承上字”为读。如：

德者本也，财者末也。

“……本也”，为读；“……末也”承上，为读，合起来为句。

“二、六原则”虽简明扼要，却不能完全概括汉语句读的各种情况，程端礼接着又在“续补句读例”中列出 20 条规则。他特别说明是“以朱子门人以下诸儒所点修之”。现摘录并略加说明于下：

(1)“曰”字是作本书者记当时对面答问之辞者，并为句。“曰”字是援引他书、他日、他人之言，止作“言”字说者，并无点；有句长欲读者，宁读于上文，仍以“曰”字连下文。

规则(1)说，“曰”字是作者记“当时对面答问之辞”，“曰”字后是句，答、问的话也是句。“曰”字是援引他书、他日、他人的话，短的不作读；长的在“曰”字前停顿，是为读，“曰”字连下文。宋元时代主要用点号、句号，引文“曰字连下文”，眉目比较清楚。

(2)凡呼小子，或二三子，或参呼，对面呼之而欲重其听者，皆为句。

规则(2)用现在的话说，凡呼语、呼告之类，都是句子。

(3)纲在上而目在下者，纲为句，目为读，目尽为句。

这一条补充了“句读例”中“‘举其纲’为句”的不足。前引例“大学之道”文意未断，故为读。若文意已断，纲则为句，目各自为读，直到目尽才是句。这一条跟前面的“举其纲”，都是说“先总后分”的句式。不同在于：作为纲的部分，文意未断，纲为读，目为读，合起来才是句；若作为纲的部分文意可断，纲独立成句，目各自为读，目合起来是句。

(4)目在上而纲在下者，诸目皆读，目尽为句，纲独为句。或下是缴语、解语、意短急者，目尽为读。

规则(4)说的句子结构形式跟规则(3)相反，并列说了两种情况：目在前，各目相对自立，分别为读，目尽为句，纲独立成句；如果在后的纲是紧密相连的话、解说性的话或者是“意短急者”，各个目是读，目尽也是读，到纲的末尾才是句。这一条说的是“先分后总”的句式。

(5)无纲之目，并为读，目尽为句。

(6)无纲之目，每目自有抑扬及自解者，解尽为读，目尽为句。

规则(5)(6)都说“无纲之目”。规则(5)说的是，若每目都简短，各自为读，目尽为句。规则(6)说的是，若每目自己有抑扬评说以及解释，解尽为读，一目结束就是句子了。规则(6)后面，程端礼加了一条小注：“如易三陈九卦则可，中庸九经则不可。更详文意所宜。”据我们理解，当为：“《易》，三陈，九卦。”可以，因“三陈，九卦”是《易》的自解；“《中庸》，九经。”则不可以，因文意不合。《中庸》包含在“九经”之中，它们不能构成

“抑扬及自解”关系。这两条规则说的都是“并列句式”，并列的每目都简短，目尽为句；若每目自有评说及解释，解尽为读，并列的每目就是句。

(7)有纲之目，每目自有抑扬及自解者，解尽为读，目尽为句。

这一条说“有纲之目”，也是现代的“先总后分”句式，要求跟规则(6)一样，区别在于“无纲”、“有纲”。所以，程端礼注：“同前例。”规则(7)又是规则(3)的发展。规则(7)说的是，纲语意完整，独立成句；目自己有评说或解释，解尽为读，每目自己独立成句。

(8)上段正下段反，或上段反下段正，短者可为读。若是长段反正，有“然”字转者，及有大转语辞者，当为句。

规则(8)说的是“正反句式”。在前面的无论是正句还是反句，如果是短的，都是读，正句、反句合起来才是句。如果在前面的正句或反句是长的，并且后面有转折语辞“然”或有“大转语辞者”，则前面的正句或反句都是句，后面的反句或正句也是句。

(9)引用他书、他人语，上有“所谓”字，下有“者”字，急缴归主意者，所引句下“者”字为读，缴语尽为句。

规则(9)说引文形式之一，即“所谓……者”格式。“者”字之后为读，相关的点明主题的话结束才是句。“缴语”指紧密相关的有联系的语句。注意：“缴”古代没有“交出”的义项。可参考“二、六原则”(5)“‘覆举上文’为读”。

(10)凡引他书、他人、他日及覆举上文之辞者，其中未尽之语为读，至所引辞尽为句。

规则(10)也说引文，说的是直接引用。那时没有引号，只好按通常的格式，引语语义未尽为读，引语结束为句。规则(10)没有说到引语更长的情况，所以，程端礼又加了一条注："如所引他书语及事实太长，如《孟子》引齐景公、晏子答问，各以答、问尽处为句。"

(11)凡诗铭韵语，以韵为句，未至韵皆为读。

规则(11)是对整篇"诗铭韵语"来说的。这类韵文，以韵为句，不到韵脚的地方，都是读。"诗铭韵语"拿韵作句的标志，古今都是这样。在这种情况下，意义标准就不那么突出了，应该说是语音形式标准压倒了意义标准。为了说明引用"诗铭韵语"的规则，程端礼又加了一条注："此谓特意全载者。若经传中引者，如引书例，至引尽处方为句。更详文意所宜。《诗经》自依章句。"

(12)凡议论体，自然读多句少。

(13)凡叙事体，自然句多读少。

规则(12)(13)将议论体、叙事体对比。议论体"读多句少"，是因为议论文多用长句。叙事体"句多读少"，是因为叙事文多用短句。今天人们常说的不同文体的句式特点，原来，六百多年前，句读研究者已经很清楚了。程端礼在规则(13)下又加注说："意未尽者或为读，亦可。"可见，叙事体的"读少"，并不是无原则地尽量少，还是要注意"文意断为句"这条总的原则。

(14)提解经文训诂，"某者，某也"之下意尽者，以"也"字为句。如贴解本意未尽者，虽"也"字亦为读，至意尽方为句。

规则(14)说注解训诂,“某者,某也”格式,意尽“也”字后为句;意未尽“也”字后是读,直到意尽才是句。程端礼给这条规则也加了一条注:“‘某也’下如插见章旨者,‘也’字别为句。更详文意所宜。”

> (15)注文释经训诂,就兼见章旨,以义已明,不再通说经文,后即以大圈断之者,其中章旨未尽,小句皆读,意尽为句。

规则(15)也说注解训诂,可跟规则(14)不同。规则(14)是将经文提取出来(即“某者”)作解释,也就是“通说经文”;规则(15)是指随文加注、直说章旨的情况。我国对古籍的注释,种类繁多。就内容来说,有文字注释,章句分析,义理发微,以及综合考证等。有的为便于读者了解原文的“章旨”,往往列举该段原文并将原文的意思串讲一遍。有的随文注释训诂,直说章旨,后面用大圈(如“O”)断开。这断开的部分,意义未尽的小句都是读,意尽才是句。规则(15)也有一条小注:“如止释训诂欲人自玩味经文者,不当拘此。”

> (16)以“言”字通叙贴解一段经文大意者,并读,意尽方为句。亦有无“言”字而意实贴解段意者,并同。

规则(16)也是讲注释训诂。在复述解释经文时,有的用“言”字开头,有的不用。“言”字的主要作用是用来解释句义,也用来说章义、篇义,有时也用来解释字义或字组义。不管用还是不用“言”字,复述解释的话都是读,意思说完了才是句。

> (17)叙论发明文义,本义已尽为句。其下有缴归章旨及别贴赞叹劝勉之辞以结者,别为句。

规则(17)还是讲注释训诂。有的注文,先是注释者自己独到的理解，即“发明文义”，这个意思完了就是句。这后面有联系归结到“章旨”(全章的大意)的话，以及其他赞叹、劝勉的话来结束，就另外是一句。

(18)上发明所以然，下以“此”字或“是”字再指上段，缴归所当然，或缴归主意者，“此”字、“是”字上，并为句。下段如文意短急者，“此”字、“是”字上为读。

规则(18)是说，注文先说明为什么是这样的原因或道理，接着用“此”字或“是”字复指上文，联系归结到应当是这样，或联系归结到主要的意思，“此”字、“是”字前面就是句。如果“此”字、“是”字后面的话“文意短急”，那“此”字、“是”字前面就是读，一直到“此”字、“是”字后面的话结束才是句。这里既注意到指示辞“此”、“是”这种形式标志，又注意到文意是断还是连，句子是长还是短，真可说是用到形式和意义相结合的分析方法了。

(19)上发明所以然，下以“故”字缴归所当然者，“故”字上为读。如上是长段，“故”字下发意又长者，“故”字上为句。

规则(19)跟规则(18)内容相近，可形式标志不同。“故”作为因果之辞，连接上下两部分，比“此”、“是”连接的两部分关系更为紧密，所以，“故”字前面通常为读。如果“故”字前面的话比较长，“故”字后面的话也比较长，那么，“故”字前面是句，“故”字后面也是句。

(20)或问中问目之末，“何也”、“若何而用力邪”、“奈何”、“亦可得而闻其说之详乎”、“如之何”之类，“何也”之上并读。或“何也”之上无“者”字者，及句短者，不读。或大段内自提问己意,“何者”、“何哉”、“何则”、“何也”之类,又自发大段意者,“何者”之上并句。[1]

规则(20)讲“疑问句式”。有的疑问语句末尾有“何也”……“如之何”等等之类的话,“何也”等的前面都是读。有的“何也”前面无“者”字,以及句子短的,那就不读。有的是大段的自己发问,也用“何者”……“何也”之类,自己回答又是一大段话,那“何者”前面都是句,“何者”后面也是句。

上面我们逐条地解释了程端礼归纳的20条句读规则。从这20条规则以及前面的“二、六原则”,我们可以看到,它们不仅包含了各种句式,注意到一些句式的形式特征,还提出了句读分析的意义标准和形式标准。所以,我们说,句读之学至此已有了一个初步的框架。[2]

元代句读之学的成就,不仅表现在句读理论框架的形成,还表现在“语助”研究成果的第一次汇集。元代汇集语助研究成果的专书,是卢以纬的《语助》。该书有胡长儒于元代泰定元年(公元1324年)写的《语助序》,可以断定,该书完成于公元1324年之前。《语助》分析虚字,既注意到句子内部和句际

---

① 规则(1)至规则(20)均见程端礼《程氏家塾读书分年日程》卷二第23—25页,《四部丛刊续编》(49)上海书店1984年。

② 近读任远《句读学论稿》(浙江古籍出版社1998年),作者虽论及“句读学就属今天所说的语法学的性质”(《前言》),“句读与句法句意直接相关,古代语法学区别于现代语法学和西方语法学的重要特点之一就是句读研究”(第99页),可归结为“句读与文法、校勘、训诂之间有着不可分离的关系”(第218页),“今用新式标点符号标点古书,……因而句读的研究发展为标点的研究”(第224页),并列举吕叔湘《〈通鉴〉标点琐议》(该文收入《吕叔湘文集》第五卷《标点古书评议》更名为《〈资治通鉴〉标点斠(jiào)例》)等,作为“现代句读标点新成果”。可见,该书所说的“句读学”跟我们这里所说的“句读学”所指并不相同。

间的语义结构关系，也注意到虚字的构句作用，并有了初步的字类观念。全书分66组，共收虚字、字组127个。卢氏从语气、情态和关联等方面进行解释，运用比较的方法辨析虚字，以今语、俗语解释古语，并从句首、句中、句末位置说明同一虚字的不同用法，还注意阐明虚字的修辞效果，开虚字研究法先河。该书在汉语句读学史上占有重要的地位。

正因为句读之学在元代已有了坚实的基础，对句读结构和语助运用都有专门的研究，从而初步形成了研究句、读、字的组织规律的格局。这时的句读学，已基本上明确自己的研究对象，并有了跟当时的文字学、音韵学、训诂学不同的理论和方法。明清时期，特别是清代，分析句读的专书和研究虚字的专著不断出现，正是句读之学的新发展。

4. 明清时期

元末明初学者宋濂（公元1310—1381年），元代至正年间“荐授翰林编修，以亲老辞不行，入龙门山，著书逾十余年。”（《明史·宋濂传》）朱元璋召见他，即参与政事。洪武二年（公元1369年）下诏要他领总裁官，修《元史》，书成，授翰林院学士。他说：“予窃怪世之为文者，不为不多，骋新奇者，钩摘隐伏，变更庸常，甚至不可句读，且曰，不诘屈聱牙非古文也。”（《宋学士集·文原》）他主张“以句读顺适为工”。

袁子让，生卒年不详。明万历十三年（公元1585年）举人，万历二十九年（公元1601年）进士。他精于等韵学，并在1603年撰成《字学元元》10卷，对明清等韵学有较大影响。他也注意到：“句读，‘读’音豆。语绝曰句，语未绝点字之中曰读。”(《字学元元》卷五)明末方以智(公元1611—1671年)的《通雅》是一部研究文学、艺术、文字、音韵、名物训诂、方言俗语、典章制度,以及天文、地理、医学等的百科性词典。《通雅》将《礼记·学记》的“离经辨志”引作“离经辨句”,并说这是“丽于六经使时习之,先辨其句读也”。

明代胡文焕编“格致丛书”,收元代卢以纬的《语助》,书名改为《新刻助语辞》,这对《语助》一书的流传起了推动的作用。胡文焕在明万历壬辰(公元1592年)写的《助语辞序》中说:“助语之在文也,多固不可,少固不可,而其间误用更不可。则其当熟审也明矣。苟非熟审之,是未免为文之累,虽琬琰锦绣,奚益哉!故谚有之云:‘之乎者也矣焉哉,用得来的好秀才。’盖谓此易晓不易用也。”[①]此后,语助的研究竟成了句读研究的重点。

清初语助研究的代表作有袁仁林的《虚字说》和刘淇的《助字辨略》。

《虚字说》有袁氏康熙四十九年(公元1710年)写的《序》。他说:“虚字者,语言衬贴,所谓语辞也。……盖说时为口吻,成文为语辞,论字为虚字,一也。”袁仁林说虚字,将其回复到活的口语,颇多创见。他强调:“夫虚字诚无义矣,独不有气之可言乎。吾谓气即其义耳,不然几于哑谜廋辞,难可究诘,展转相仍,一以模棱付之,不其谬欤。”[②]他用“神情口吻”、“声气”来解释虚字的作用,与训诂派的虚字解释风格不同。他注

① 胡文焕:《助语辞序》,[元]卢以纬著、王克仲集注《助语辞集注》第183—184页,中华书局1988年。

② [清]袁仁林著、解惠全注:《虚字说》第11页,中华书局1989年。

意探求虚字的实字义，以及由实到虚的引申；注意将用法相近的虚字作比较，以明相互间的细微差别；并善于用生动形象的比喻来解说虚字，以利童蒙授课和理解；重例证，全书收 143 个词语，分为51条，例句近三百条。书末的《虚字总说》，论及字类活用的作用及语言环境、上下文对活用的影响，并阐明自己对虚字的看法，实是一篇不可多得的句读学论文。

袁书对《马氏文通》的虚字诠释有很大影响。《文通》中“也、矣、则、然、而、第、但、独、特、顾、乎、与、耶(邪)、虽、纵”诸字的解释，从立论到所用词句都取自《虚字说》。

《助字辨略》刻于康熙五十年(公元 1711 年)，成书时间跟《虚字说》差不多。该书收上起先秦，下至宋元的经、传、诸子、诗、词、小说中的虚字 476 个，材料广泛，辨析详备。该书将助字平列为三十类，为便于理解和掌握，我们初步将其归为八大类。计有：

(1)重言，省文，倒文，方言；

(2)断辞，疑辞，咏叹辞，叹辞；

(3)急辞，缓辞；

(4)发语辞，语已辞，助语，语辞；

(5)设辞(假设之辞)，别异之辞，继事之辞，或然之辞，原起之辞，终竟之辞，顿挫之辞，总括之辞；

(6)承上，转下；

(7)通用，专辞，仅辞，几辞，极辞；

(8)实字虚用。

从上面的情况看，由于分类标准不一致，重叠和交叉是难免的。刘淇自定，“其训释体例凡六：曰正训，曰反训，曰通训，曰借训，曰互训，曰转训。”[①]可见，刘氏辨析助字有自己的理论框架，其书收字和例句也大大超过前人，是虚字研究的一个高峰。

《马氏文通》对虚字的认识直接取自刘淇的《自序》，好些虚字的解释和用例也采自《助字辨略》，有的地方马氏还特别注明。就是《文通》在西方语法框架的字类中增加“华文所独”的助字一类，人们也会很自然地联想到《助字辨略》这个书名。

清代王念孙（公元1744—1832年）的《读书杂志》是他读书的心得札记，嘉庆十三年（公元1808年）开始刊行。该书校订古书讹误，疏解前人疑义，大都确凿不易。他注重“句法”结构，常以上下文校字释义，讲求“揆之本文而协”，“验之他卷而通”，以至“一字之证，博及万卷”（《清史稿·王念孙传》）。其子王引之（公元1766—1843年）“推广庭训”，成《经义述闻》、《经传释词》，不凿空，不墨守，发前人之所未发。

《经义述闻》成书于嘉庆二年（公元1797年），全书2045条中“家大人曰”有678条。书中卷三十一、三十二载“通说”53条，其中12条训诂准则如：经传平列二字上下同义，经文数句平列上下不当歧义，经文上下两义不可合解，上下相因而误，上文因下文而省等都是从“句法”结构和上下文着眼的。

王引之《经传释词》“自序”写于嘉庆三年（公元1798年），可他的老师阮元为之作序则已是嘉庆二十四年（公元1819年）了。《阮序》说：“高邮王氏乔梓，贯通经训，兼及词气。昔聆其‘终风’诸说，每为解颐，乃劝伯申（王引之字）勒成一书；

① 刘淇：《助字辨略·自序》第1页，《助字辨略》中华书局1954年。

今二十年，伯申侍郎始刻成《释词》十卷。元读之，恨不能起毛、孔、郑诸儒而共证此快论也。”①该书收虚字 160 个，多从互文、异文判断虚字的同义关系，并列举大量书证归纳虚字字义，特别注意选择相似句式进行比较，常能得出正确的结论。杨树达称赞王引之的成就说：“王氏著书专明虚助字者曰《经传释词》，……虽未能成系统整然之文法学，而文法学材料之丰富与精当，未有过之者。”②该书对后世的句读研究和《马氏文通》开始的现代语法学均有较大影响。

吴昌莹的《经词衍释》，书成于同治十二年（公元 1873 年）。吴氏在卷首自记：“盖谓王文简（引之卒谥‘文简’）之《经传释词》发先儒未发之覆，解后人不解之惑，传以诂经、诸子、《史》、《汉》，并以诂传，疏通博赡，适当人心。虽然，其所略而不论，固犹多未易晓者。既续其援引所未详，又于其释之所未及而实为义所应有者，博稽而推广之；释之所可通而本义实别有在者，徵引而并存之，命曰《经词衍释》。至所略而未释之词，则补遗于卷末。”③由此可知，该书为补充《经传释词》而作，一是充实例证，增加义项；二是追溯本字，徵引并存；三是卷末补王书“未释之词”，共 23 字。

除虚字研究外，清代学者十分注意经籍的句读分析。如范凝鼎于乾隆十八年（公元 1753 年）成书的《四书句读释义》，就是先明句读，次释文义的。又如张尔岐的《仪礼郑注句读》，

---

① 阮元：《经传释词·序》第 1 页，《经传释词》中华书局 1956 年。

② 杨树达：《中国文法学小史》，引文见刘诚、王大年编著《语法学》第 409—410 页，湖南人民出版社 1986 年。

③ 吴昌莹：《经词衍释》第 1 页，中华书局 1956 年。

因郑注简奥难懂，贾疏繁复冗漫，于是全录郑注并为之断句，精选贾疏，附以己意，辨疑刊误，简明精当，受到顾炎武等人的推许。王文清的《仪礼分节句读》则以句读为主，注释颇为简略。而吴廷华的《仪礼章句》则折中张、王二家，将《仪礼》各篇分节，节内再明句读，注释简明，确有助于阅读。其他还有，吴英据南宋朱熹的《四书章句集注》撰成《四书章句集注家塾读本句读》，姚思赞的《审定四书句读》，翟灏的《四书句读考异》，陈其荣的《经传离句考徵》，陆锡谟的《诗经句读考证》，钱绎的《十三经断句考》等。

王筠（公元 1784－1854 年）的《说文解字句读》，今之论者，多引"取（段）茂堂及严铁桥、桂未谷三君子所辑，加之手集者，或增，或删，或改，以便初学诵习，故名之曰句读"一段自序，其实，这只是最初的设想。真正成书的情况是："……余於是本志变化，博观约取，阅月二十而毕。仍名'句读'，从其朔也。顾余辑此书，别有注意之端。与段氏不尽同者凡五事：一曰删篆……；二曰一贯……；三曰反经……；四曰正雅……；五曰特识……。"[①]其中"反经"乃返回经文之意。他说："《说文》所引经典，字多不同，句限亦异。固有伪误增加，而其为古本者甚多，岂可习非胜是，以娄经窜易之今本，訾（zǐ，诋毁）汉儒授受之旧文乎。"也就是说，他的"句读"要正字正句。在《凡例》中，王氏进一步说明："此书之初辑也，第欲明其句读而已。已及三卷，……乃取《说文义证》《说文解字注》，删繁举要，以成此书。……惟两家未合者，乃自考以说之，亦不过一千一百

① 王筠：《说文解字句读·序》第 1 页，《说文解字句读》中华书局 1988 年。

余事，……或曰：《说文》句读古人无知之者乎？曰：宋以前人大率知之，近人始不知耳。”[1]王氏书，正经雅，明句读，综合各家之说，指点后学门径，功绩显著。

清代句读之学，除虚字和经文句读的研究外，其他方面也有长足的发展。最突出的有两点。第一，武亿（公元1745—1799年）以乾隆进士之身，山东博山知县之位，创办范泉书院，亲自讲授典籍，不仅写出了《经读考异》这样一部考证经书句读的专著，又汇集了《句读叙述》（上、下卷，补一卷）这样一部古书句读问题的评介性的理论著作。第二，作为我国引进西方语法学第一人的马建忠，他写出了我国第一部现代语法学专著，他在《马氏文通·例言》中申明“是书本旨，专论句读”。可以说，《文通》是中国现代语法学的开始，也是中国传统句读学的终结。在马氏看来，句读与“葛郎玛”（grammar），是一而二、二而一的关系，只不过是名称不同而已。马氏的不足在于，他写的是汉语语法，却用了一条普遍语法的定律：“各国皆有本国之葛郎玛，大旨相似，所异者音韵与字形耳。”因而，他公然宣称“此书系仿葛郎玛而作，后先次序皆有定程”[2]。既然认为各种语言的语法规律是相同的（尽管在实际分析中他没有完全照办），既然是仿西方语法框架而作，他就不能不在相当程度上忽视了中国句读学的传统。

---

① 王筠：《说文解字句读·凡例》第4页，《说文解字句读》中华书局1988年。

② 马建忠：《马氏文通·例言》第15页，《马氏文通》商务印书馆1983年。

三　句读分析(一)——句的分析

我们知道,句读是句子的结构单位。句读分析也就是对句子的结构单位及其关系的分析,即句子的结构形式和语义关系的分析。对句读分析的成果,古代学者书面上用圈(句号)和点(读号)表示出来,固定下来。习惯上也就将“圈”、“点”称之为句读。

句读分析是对一句或一段书面语的意义和形式的全面分析,具体表现出分析者对原文的理解、把握的程度。因此,在句读分析中,特别是在对古代典籍的分析中,出现不同的理解和圈点,也就不足为奇了。然而,从古代学者对古籍的圈点中,我们仍可以发现他们句读分析的法则和规律。

古汉语句读分析中的句,主要以语义为标准,即“凡经文语绝处谓之句”。这个标准一直延续到《马氏文通》,现代语法学也离不开这个语义标准。《文通》说“凡字相配而辞意已全者曰句”,基本上是唐代湛然上面那句话的转写。《文通》也说过“凡有起词、语词而辞意已全者,曰句”[1],这是按西方语法学框架对汉语句子提出的要求,可起词、语词两项并非汉语构句所必需。在汉语口语和成段的书面语中,实际上,不具备起词、语词的句子的数量超过具备起词、语词的句子的数量。

---

① 马建忠:《马氏文通》第425页,商务印书馆1983年。

因而，判断是否成为句子的标准主要还是"经文语绝处"、"辞意已全者"。古代汉语语句的分析就必须建立在语义标准的基础之上。

古代学者对句子的分析，注重在语序、语助、节律和省文。汉语为非形态语言，语序在组读构句中起着特别重要的作用，语序变化会使句子的结构和意义截然不同。古代学者的语助大致如现代的虚词，语助是组读构句的重要手段。正如元代胡长儒所说："浑浑噩噩，杰然蔚然，法语直遂，巽与婉曲，阖辟变化，宾主抑扬，个中妙用无穷，只在一二虚字为之机括"①。节律在韵文中具有重要作用，散文古人也是十分注重节律的。省文是使句子表达简洁的方法，但在句读分析中又不能忽视它们。下面分别举例说明。

1. 语序

语序是指各级句读单位在组读构句中的排列次序，它是汉语组读构句中最重要的组合手段。我们知道，早在《公羊传》、《谷梁传》解释"陨石于宋五"、"六鹢退飞过宋都"、"雉门灾及两观"时，就注意到语序问题②。此后，古代学者、近代学者在句读分析中，语序都是一个特别突出的问题。

汉语的语序反映了句读单位之间的语义关系。古代学者注意的语序分析，不限于现代语法学通常讨论的词序，而是包括字序、读序、句序在内。例如：

---

① 胡长儒：《语助序》，卢以纬著、王克仲集注《助语辞集注》第 183 页，中华书局 1988 年。

② 参本书第二章§1。

(1)《诗·葛覃》:“葛之覃兮,施于中谷。”《传》云:“‘中谷’,谷中也。”《正义》曰:“‘中谷’,谷中,倒其言者,古人之语皆然,诗文多此类也。”(唐,孔颖达《毛诗正义》第8页)

(2)《诗·汝坟》:“既见君子,不我遐弃。”《正义》曰:“‘不我遐弃’,犹云‘不遐弃我’。古人之语多倒,诗之此类众矣。”(同上,第14页)

例(1)“谷中”、“中谷”,是字序变换。例(2)“不遐弃我”、“不我遐弃”,仍是字序变换,“我”由动字后移到动字前。由此可知,古代学者以动字涉及的人或事物以后置为常,前置(如“我”)则为“倒”。现代语法学归之为否定句代词宾语前置。

(3)《诗·崧高》:“申伯还南,谢于诚归。”《笺》云:“‘谢于诚归’,诚归于谢。”《正义》云:“言‘谢于诚归’,正是诚心归于谢国。古人之语多倒,故申明之。”(孔颖达《毛诗正义》第299页)

(4)《孟子·尽心下》篇:“若崩厥角稽首。”……“若崩”二字,乃形容“厥角稽首”之状。盖纣众闻武王之言,一时顿首至地,若山冢崒(zú)崩也。当云“厥角稽首若崩”。今云:“若崩厥角稽首。”亦倒句耳。后人不得其义,而云稽首至地,若角之崩。则不知角为何物,失之甚也。(俞樾《古书疑义举例》第4页)

例(3)“诚归于谢”作“谢于诚归”,是读序变换。“诚归”一读,“于谢”一读。“于谢”作“谢于”是字序变换。例(4)“厥角稽首若崩”作“若崩厥角稽首”也是读序变换。“厥角稽首”一读,“若崩”一读,合起来为句。例(4)引句上下文为:“武王之伐殷也，革车三百辆，虎贲三千人。王曰：‘无畏！宁尔也，非敌百姓也。’若崩厥角稽首。征之为言正也，各欲正己也，焉用战？”[①]这里的“无畏！宁耳也”亦是读序变换，原序当为“宁尔也，无畏！”

(5)《史记·田儋(dān)传》云：“高帝曰：‘嗟乎，有以也夫，起自布衣，兄弟三人更王，岂不贤乎哉。’”顺言之，则“有以也乎”句，当在“起自布衣，兄弟三人更王”之下。(杨树达《古书疑义举例续补》)

(6)《左传·闵公元年》：“士蒍曰：‘大子不得立矣。分之都城，而位以卿，先为之极，又焉得立？不如逃之，无使罪至。为吴大伯，不亦可乎？犹有令名，与其及也。’”此文顺言之，“与其及也”一句，当在“不如逃之”以上。(同上)

例(5)是句序变换。“有以也夫”紧接感叹语“嗟乎”之后，是特定情景语言表达的需要。例(6)句序变换已成“跨句变换”，疑为竹简散落所至。按上下文义，“与其及也”归位，“犹有令名”则毫无着落。“犹有令名，与其及也”两小句的位置当是：“与其及也，不如逃之，无使罪至，犹有令名。”

(7)《左传·昭公二十七年》：“鱄设诸曰：‘王可弑也，母老子弱，是无若我何。’”杜注：“犹言‘我无若是何’。”《正义》曰：“古人言有颠倒，故杜以为‘是无若我何’，犹言‘我无若是何’。恐己死之后，不能存立，欲以老弱托光

① 汉赵岐注、宋孙奭(shì)等疏：《孟子注疏》第109页，《十三经注疏》下册第2773页，中华书局1980年。下引《十三经》例句，只注书名、页码。

也。”彭仲传云：“当言‘是无我若何’，我毋无我当如何。‘我’字当在‘若’上。”（孔颖达《春秋左传正义》第414页）

例(7)的语序变换更为多样，分别列举如下：

A、是无若我何

B、我无若是何

C、是无我若何

从上下文看，“无我”、“我无”为一字组，“若何”为一字组，“是”承上文，为现代汉语“这”、“这样”的意思。由此可知，“是无我若何”为正常语序的句子，A、B两个句子，都是语序变换的结果。

一般来说，汉语句子中的语序是比较固定的，从古到今，变化不大。如：要说的话题在说明语之前，动字在它所涉及的事物之前，修饰语在被修饰语之前，这些古今基本是一致的。古汉语还有一些跟现代汉语不同的特殊的语序，尽管它们实际只存在于先秦以前的上古汉语中，到汉代口语就已逐渐消失，可书面语中仍然保留着，历代古文中都常常出现。例如：

(8)《论语·子罕》：“吾谁欺？欺天乎！”疏：“‘吾谁欺？欺天乎！’者，言我既去大夫，是无臣也，女（‘女’即‘汝’）使门人为臣，是无臣而为有臣，如此行诈，人盖知之。是人不可欺，故云‘吾谁欺’。既人不可欺，乃欲远欺天乎。”（宋，邢昺《论语注疏》第34页）

(9)《左传·襄公三十一年》：“子皮欲使尹何为邑（大夫）。子产曰：‘少，未知可否。’子皮曰：‘愿，吾爱之，不吾叛也。’”《正义》曰：谓尹何也。刘炫云：叛，违也。欲令子

产不於我有违，得使尹何为邑也。（唐，孔颖达《春秋左传正义》第 314 页）

(10)《左传·宣公十五年》："盟曰：'我无尔诈，尔无我虞。'"《集解》：楚不诈宋，宋不备楚，盟不书不告。（晋杜预集解，唐孔颖达疏《春秋左传正义》第 185 页）

(11)《左传·昭公十二年》："今郑人贪赖其田，而不我与；我若求之，其与我乎？"（同上，第 362 页）

例(8)"吾谁欺"，即吾欺谁。所以才说："既人不可欺，乃欲远欺天乎。"《文通》说，"谁"字，"止词，宾次，而皆先焉"①。现代语法学称之为，疑问代词作宾语时必须放在动词的前面。例(9)"不吾叛"就是不叛吾，"不於我有违"，不违我。例(10)楚、宋盟誓义今为"我不诈你，你不虞（即'不骗'）我"。《文通》说："凡止词为代字，而动字有弗辞者，无不先也。"现代语法学归之为，否定句中代词作宾语，代词宾语一般要放在否定词之后、动词之前。例(11)中"而不我与"、"其与我乎"的字序变化，也说明这一规律的普遍性。上引例句，晋、唐、宋学者都注意到语序差异，说明当时的口语已跟书面语不同。

有的动字涉及的对象前置，动字前有"是"或"之"复指，这是强调涉及对象的需要。例如：

(12)《诗经·小雅·节南山》："尹氏大师，维周之氐。秉国之君，四方是维，天子是毗，俾民不迷。"郑玄笺：……言尹氏作大师之官，为周之桎辖，持国政之平，维制四方，上辅天子，下教化天下，使民无迷惑之忧。言任至重。孔

①② 马建忠：《马氏文通》第 71、157 页，商务印书馆 1983 年。

颖达疏：……尹氏汝今为大师之官，维是周之根本之臣。秉持国之正平，居权衡之任，四方之事是汝之所维制，天子之身是汝之所崇厚。言汝职维持四方，尊崇天子，其尊重如此，施行教化，当使下民无迷惑之忧。（汉郑玄笺、唐孔颖达疏《毛诗正义》第 172 页）

(13)《论语·先进》："子曰：吾以子为异之问，曾由与求之问。"《集解》：孔曰，谓子问异事耳，则此二人之问，安足大乎！邢疏："子曰：吾以子为异之问，曾由与求之问"者，此孔子抑其自多也。"曾"，则也。吾以子为问异事耳，则此二人之问安足多大乎！言所问小也。（三国魏何晏集解、宋邢昺疏《论语注疏》第 44 页）

例(12)"四方是维，天子是毗"，就是"维（连接）四方，毗（辅助）天子"，郑玄解"维制四方，上辅天子"，孔颖达释"维持四方，尊崇天子"，都明确语序的变化。现代汉语仍保留的如"唯命是从"、"唯利是图"，也就是"从命"、"图利"，"唯"有强调的作用。例(13)"异之问"，就是"问异"，"问异事"，问其他问题；"由与求之问"，就是"问由与求"，问仲由与冉求。何、邢二人的解、疏也都注意到语序的差异。现代语法学归结为，宾语前置同时用代词复指，"是"或"之"要放在动词的前面。

语序的变化是相对于正常语序来说的。有时出于修辞的需要，作者将语序改变，古代研究者也早就注意到了。例如：

(14)《诗经·小雅·节南山》："弗躬弗亲，庶民弗信。弗问弗仕，勿罔君子。式夷式已，无小人殆。"……《正义》曰；《易》传者以上文欲王躬亲为政，则宜为；已身之已，不宜为。已，止也。下文戒王勿厚任亲戚，欲令用贤去恶，

宜为勿近小人，不当远言。小人之行，终至危殆，故易之也。无小人之近，犹言无近小人。（唐，孔颖达《毛诗正义》第173页）

(15)《左传·昭公十九年》："谚所谓'室於怒，市於色'者，楚之谓也。"《集解》：言灵王怒吴子而执其弟，犹人忿於室家而作色於市人。……《正义》曰：室内於自家相嗔怒，市於他人作色忿。（晋杜预集解，唐孔颖达疏《春秋左传正义》第386页）

(16)《汉书·终军传》："今鲁国之鼓当先具其备，至秋乃能举火，此言与实反者非?"师古曰：重问之。（唐，颜师古《汉书注》卷六十四下）

例(14)"无小人殆"，即无殆小人，"无近小人"。"无殆小人"跟前文"勿罔君子"为相同句式。字序变换是为了让"殆"跟前文的"仕"、"子"、"已"协韵。例(15)"室於怒，市於色"正常语序为"怒於室，色於市"，意思是在家里恼怒，去街市给人看脸色。"怒"、"色"后置有突出地点、场合的作用。例(16)终军诘问的话顺言为："此非言与实反者?"现"言与实反者"提前，是为了强调"言与实反"这个事实。

不仅如此，古代学者还注意到话题跟说明语的语序变化。例如：

(17)《孟子·尽心下》："盆成括仕於齐，孟子曰：'死矣，盆成括!'"赵岐注："盆成"，姓；"括"，名也。尝欲学於孟子，问道未达而去，后仕於齐。孟子闻而嗟叹曰："死矣，盆成括!"知其必死。（汉赵岐注、宋孙奭(shì)疏《孟子注疏》第114页）

(18)《史记·鲁仲连传》："新垣衍怏然不悦曰：'噫嘻！亦太甚矣！先生之言也。"《索隐》："噫嘻"，上音依，"噫"者，不平之声；下音希，"嘻"者，惊恨之叹也。（南朝宋裴骃集解、唐司马贞索隐、张守节正义《史记》卷八十三）

(19)《汉书·王吉传》："《诗》云：'匪风发兮，匪车揭兮。顾瞻周道，中心怛(dá)兮。'说曰：'是非古之风也，发发者；是非古之车也，揭揭者，盖伤之也。'"师古曰：今之发发然者，非古有道之风也；今之揭揭然者，非古有道之车也，故伤之。○刘攽(bān)曰：按文及注当云：发发者是非古之风也，揭揭者是非古之车也，怛怛者盖伤之也。今皆误矣。阳夏公云：倒文取新，古盖多如此，不为误。（唐，颜师古《汉书注》卷七十二）

例(17)"死矣，盆成括！"赵岐注意到是因"嗟叹"而改变语序。例(18)"亦太甚矣！先生之言也。"司马贞注意到是因不平、惊恨而变序。颜师古注汉书，集此前各家之言，考据精核，论证周密。例(19)语序变换，解释得详明独到，"倒文取新"说，至今为不刊之论。

2. 语助

语助，古代学者又称"语助辞"、"助语"、"助语辞"、"语辞/词"、"辞/词助"、"辞/词"等，它大体相当于现代语法学中的语气词和副词、介词、助词、连词，即虚词。我们用"语助"作为代表性术语：一是"语助"这个名称在古籍注释和研究专书中出现频率高，二是我国第一部讲解这类"辞"的用法的专书的名称就叫做《语助》，三是“语助”这个术语有较强的概括力，并且突出了这类辞的助句作用。

(1) 语助的定义和范围

现代的语助词是指汉语和其他一些语言中专门表示各种语气的助词，因而也叫语气助词。语助这一术语在古代学者的著作中没有明确的定义，可某些古代学者在其著作中为我们提供了相当丰富的论述和实例。它告诉我们，语助是在句读中不表示实在意义，只起语气或结构作用的字或字组。如：表示整个句子语气的语辞，有疑辞、决辞、叹辞等；表示句与句之间或句子内部的结构关系的语辞，有设辞、指辞和顺承、转接之辞等。

秦汉时毛亨研究《诗》，作《毛诗诂训传》(简称《毛传》)。他把处在诗句句首或句末的“思”、“薄”、“且”、“载”、“忌”、“止”等称之为“辞”，都不作实义上的解释。两汉魏晋学者沿用这一术语，释辞范围逐步扩大。古籍中无实义的如“诸”、“蹇”、“夫”、“而”、“已”、“尔”、“焉”、“伊”、“惟”、“曰”、“言”、“居”、“与”、“猗”、“斯”、“聿”、“云”、“矣”、“只”等，都称之为“辞”或“词”。

两汉魏晋学者已多用“语助”来解释某些字的用法。例如：

(20)《礼记·檀弓上》：“檀弓曰：‘何居？我未之闻也。’”郑玄注：“居”，读为姬姓之姬，齐鲁之间语助也。孔颖达疏：仲子适(即“嫡”)子既死，舍其适孙而立其庶子，檀弓居在宾位而言曰：“何居？”“居”是语辞。言仲子舍适

孙立庶子，是何道理乎，我未之前闻。（郑玄注、孔颖达疏《礼记正义》第45页）

(21)《礼记·檀弓上》：“吾许其大而不许其细，何居？命之哭。”孔颖达疏：“何居？”，“居”，语辞。既许其大而不许其细，是何道理，故云“何居？”（同上，第46页）

例(20)同一“居”字，郑玄称之“语助”，孔颖达叫作“语辞”。例(21)情况完全相同。用现代语法学术语来说，“居”是语气词。

(22)《礼记·檀弓上》：“南宫绦之妻之姑之丧，夫子诲之。髽(zhuā)曰：‘尔毋从从尔，尔毋扈扈尔。’”郑玄注：“诲”，教；“尔”，女（即“汝”）也；“从从”，谓大高；“扈扈”，谓大广；“尔”，语助。孔颖达疏：“南宫绦之妻之姑之丧”者，“之”，并是语辞也。曰“尔毋从从尔，尔毋扈扈尔”者，上“尔”为女，下“尔”，语辞。（郑玄注、孔颖达疏《礼记正义》第50页）

例(22)的“尔”，郑玄称“语助”，孔颖达叫“语辞”。值得注意的是，孔颖达将“南宫绦之妻之姑之丧”中的三个“之”字，也都叫作“语辞”。现代语法学将语助“尔”称之为语气词，将语辞“之”叫做结构助词。这个“之”，相当于现代汉语助词“的”。

(23)《左传·隐公元年》：“公曰：‘尔有母遗，繄(yī)我独无。’”晋杜预集解：“繄”，语助。（晋杜预集解、唐孔颖达疏《春秋左传正义》第14页）

例(23)中的语助“繄”，现代语法学称之为句首语气词。“繄”还可用于句中，如：“此一王四伯，岂繄多宠。”（《国语·周语下》）。这当然是句中语助了。

(24)《论语·公冶长》：“宰予昼寝。子曰：‘朽木不可雕也，粪土之墙，不可圬也，于予与何诛？'子曰：'始吾于人也，听其言而信其行；今吾于人也，听其言而观其行，于予与改是。'"宋邢昺疏："于予与何诛"者，'诛'，责也；"与"，语辞。……"于予与改是"者，"与"，亦语辞。（宋，邢昺《论语注疏》第 18 页）

例（24）中的语辞"与"，现代语法学当为句中语气词。语辞"与"更多的是用在句末，如："管仲非仁者与？"（《论语·宪问》）"何其爽与！"（司马相如《封禅文》）现代语法学则称之为句末语气词。

南朝齐梁时人刘勰（公元约 465—约 532 年）在《文心雕龙·章句》中指出：

《诗》人以"兮"入于句限，《楚辞》用之，字出句外。寻"兮"字成句，乃语助余声。舜咏《南风》，用之久矣。而魏武弗好，岂不以无益文义耶？

这段文字不仅出现"语助"，而且指出它"无益文义"。刘勰说的是，《诗经》就有人在句中用"兮"字，《楚辞》用"兮"字，是在韵脚之后。考察用来构成句子的"兮"字，只不过是起辅助语句的语气作用。帝舜咏《南风》，就早用到"兮"字了[①]。而魏武帝曹操不喜欢用，难道不是因为它在文义的表达上没有多大作用吗？

隋唐时代的孔颖达（公元 574—648 年）在《毛诗正义》中更一再用"语助"来解释一种用字现象。例如：

① 《南风》见《孔子家语·辩乐解》。诗云："南风之薰（和暖）兮，可以解吾民之愠（怨恨）兮。南风之时（来得及时）兮，可以阜（丰富）吾民之财兮。"转引自赵仲邑《文心雕龙译注》第 299 页，广西人民出版社 1982 年。

(25)《诗经·邶风·雄雉》:"雄雉于飞,泄泄其羽。我之怀矣,自诒伊阻!"《毛传》:"诒",遗;"伊",维;"阻",难也。孔颖达疏:"伊"训为"维",毛为语助也。(唐,孔颖达《毛诗正义》第34页)

(26)《诗经·唐风·椒聊》:"椒聊之实,蕃衍盈升。彼其之子,硕大无朋。椒聊且!远条且!"《毛传》:椒聊,"椒",木名;"聊",辞也。孔颖达疏:"聊"、"且"皆助语也。……陆机疏曰:"椒聊,'聊',语助也。"(同上,第94—95页)

(27)《诗经·邶风·柏舟》:"日居月诸,胡迭而微?"孔颖达疏:"居"、"诸"者,语助也。……檀弓云:"何居?我未之前闻也。"注云:"'居',语助也。"《左传》曰:"皋陶、庭坚不祀,忽诸。"服虔云:"'诸',辞。"是"居"、"诸"皆不为义也。(同上,第29页)

例(25)《毛传》"伊"训"维",孔颖达确定"毛为语助"。的确,在古汉语句读结构中,"伊"、"维"都可作句中语助,也可作句首语助。例如:

A、岂伊千里别。(谢惠连《赠别》)

B、纵欲不戒,匪愚伊耄。(柳宗元《敌戒》)

C、是维皇帝。(《史记·秦始皇本纪》)

D、伊故乡之可怀。(潘岳《西征赋》)

E、维秦王兼有天下,立名为皇帝。(《史记·秦始皇本纪》)

例(26)《毛诗》训"聊"为"辞也",唐代孔颖达谓"'聊'、'且'皆助语也",并引三国吴人陆机疏"聊,语助也"为证。在这里,

"辞"、"助语"、"语助"三者是等义的。例(27)孔颖达疏"居"、"诸"都是语助,并引前代学者例证:"居"在《礼记·檀弓上》中,郑玄注为"语助";"诸"在《左传》中,服虔称之为"辞"。孔颖达强调:"'居'、'诸'皆不为义也。"突出了语助"不为义"这一重要标准。

(28)《诗经·小雅·白驹》:"皎皎白驹,贲然来思。尔公尔侯,逸豫无期。慎尔优游,勉尔遁思!"孔颖达疏:此"来思"、"遁思"二"思",皆语助,不为义也。(同上,第166页)

例(28)语助两个"思"字都"不为义也"。宋代朱熹(公元1130—1200年)在《诗集传》中也注为"'思',语词也"。现代语法学将这类"思"字称之为句末语气词。其实,"不为义"的语助"思",不仅出现在句末,也出现在句首和句中。例如:

A、今我来思,雨雪霏霏。(《诗经·小雅·采薇》)

B、思马斯臧。(《诗经·鲁颂·驷(jiōng)》)

C、旨酒思柔。(《诗经·小雅·桑扈》)

朱熹在《诗集传》中还释"止"、"居"、"诸"、"只"、"且"、"员"、"其"、"猗"、"斯"、"胥"、"亦"、"抑"等为语词。

元代卢以纬在前人研究的基础上,于泰定元年(公元1324年)完成了我国第一部讲解语助用法的专书《语助》(明胡文焕编"格致丛书",更名为《助语辞》)。他认为:"声随语发,意不加重,且不训本字义,此等字多有之,亦语助之类也。"①《语助》一书,收辞66组,语辞127个,其中单字61个,

① 卢以纬著、王克仲集注:《助语辞集注》第106页,中华书局1988年。

字组66个。书的编排体例主要是分组释义，连类而及，这有利于读者的理解和掌握。

清初，连续两年完成两部很有影响的研究语助的专著。一部是袁仁林于康熙四十九年（公元1710年）写成的《虚字说》。该书是为童蒙授课、古文阅读和写作而作，重实用，易理解。全书分51组，总计收字143条，其中单字82条，字组61条。一部是刘淇于康熙五十年（公元1711年）完成的《助字辨略》。这是我国清代和清代以前收字最多、例句最丰富的一本语助专著。全书共五卷，收上起先秦、下至宋元的经、传、诸子、诗词、小说中的助字476个，依平、上、去、入四声分部排列，逐一解释。

袁仁林不满于虚字"不为义"的笼统说法，认为虚字表示的"气"就是它的意义。他在《虚字说序》中说：

> 虚字者，语言衬贴，所谓语辞也。在六书分虚、实，又分虚实之半，皆从事物有无动静处辨之。若其仅属口吻，了无意义可说，此乃虚之虚者，故俗以虚字目之。盖说时为口吻，成文为语辞，论字为虚字，一也。（袁仁林著、解惠全注《虚字说》第11页）

这里，袁仁林将"口吻"、"语辞"、"虚字"从说话、成文、论字等不同角度统一了起来。他还说：

> 夫虚字诚无义矣，独不有气之可言乎。吾谓气即其义耳。不然几于哑谜廋（sōu）辞，难可究诘，展转相仍，一以模棱付之，不其谬欤。（袁仁林著、解惠全注《虚字说》第11页）

袁仁林以"语气"、"口吻"来解释虚字的作用，与训诂派的解释风格不同，颇有独到之处。

刘淇在《助字辨略·自序》中说：

> 构文之道，不过实字、虚字两端，实字其体骨，而虚字其性情也。盖文以代言，取肖神理，抗坠之际，轩轾异情，虚字一乖，判于燕越，柳柳州所由发 哂(shěn)于杜温夫者邪！且夫一字之失，一句为之蹉跎；一句之误，通篇为之梗塞；讨论可阙如乎！①

这里首先需注意，刘淇的虚实观，跟袁仁林的虚实观是不同的。袁仁林的虚实观是，先“从事物有无动静处辨之”，虚字中再分出“了无意义”的“虚之虚者”。刘淇的虚实观是，“实字其体骨，而虚字其性情”，即只取有实义、不为义这个标准。刘淇的《自序》，突出了“语助”在语言应用中的重要作用。他在解释“言”字时说：

> 《易·师卦》：“六五，田有禽，利执言”。朱子《本义》云：“言，语辞也。”《诗·国风》：“言告师氏，言告言归。”《朱传》云：“言，辞也。”愚案：“言”，犹云也。《毛传》训为“我”，盖引《尔雅》之文，恐非。如《诗》：“焉得谖草，言树之背。”“言念君子，温其如玉。”“驾言出游，以写我忧。”诸“言”字，并是语助，不为义也。
>
> 又《易·系辞》：“德言盛，礼言恭。”《本义》云：“言德欲其盛，礼欲其恭也。”愚案：此两语中，似有两“欲”字之义。然此“言”字，亦是语助，非可竟训作“欲”字也。②

---

① 刘淇：《助字辨略·自序》，第1页，中华书局1954年。

② 刘淇：《助字辨略·自序》，第64页，中华书局1954年。

上引文中《本义》为宋代朱熹(公元1131—1200年)《周易本义》,《朱传》为朱熹《诗集传》,《毛传》为秦汉时毛亨《毛诗诂训传》。刘淇的意思非常清楚,同一个"言"字,作实字用时,必需弄清实义;作语助用时,则"不为义也",两者必须注意分辨。而要分辨虚实,必需将该字回到一定的句读环境之中,这也正是《辨略》中辨析助字的基本方法。

清代王引之于嘉庆三年(公元1798年)完成《经传释词》。他在《自序》中说:

> 盖古今异语,别国方言,类多助语之文。凡其散见于经传者,皆可比例而知;触类长之,斯善式古训者也。
>
> 自汉以来,说经者宗尚雅训,凡实义所在,既明箸之矣。而语词之例,则略而不究;或即以实义释之,遂使其文扞(hàn)格,而义亦不明。如:……"兹",此也,而又为叹词。"嗟",叹词也,而又为语助。……"思",念也;"居",处也;"夷",平也;"一",数之始也,而又皆为语助。……"亦",承上之词也,而又为语助。"且",词之更端也,而又为"此"。"之",词之"是"也,而又为"於",为"其",为"与"。凡此者,其为古之语词,较然甚箸。揆之本文而协,验之他卷而通。虽旧说所无,可以心知其意者也。①

王引之文中"助语"、"语词"、"语助",三者意义基本一致。可他在释"嗟"时,将"叹词"跟"语助"并列,则不妥。王引之的虚实观跟刘淇的虚实观相同,也是仅就有实义、不为义来说

---

① 王引之:《经传释词·自序》第3—5页,中华书局1956年。

的。

从上面的例字和分析我们知道，语助是在句读中不表示实在意义，只起语气或结构作用的字或字组。语助可以出现在句末，也可以出现在句首或句中。

卢以纬在《语助》一书中列入语助的字组有：

是故 故曰 所以 然后 虽然 然则 然而 不然
大抵 令夫 且夫 原夫 故夫 盖夫 嗟夫 逮夫
及夫 及乎 至于 施及 况夫 况于 若夫 乃若
至若 甚矣 甚哉 于是 是用 既而 已而 方其
尝谓 未尝 无他 要之 要知 今也 今焉 今则
今而 今乃 自今 方今 先是 呜呼 噫嘻 或曰
借曰 诿曰 何则 何者 何也 是何也 是何
何哉 何以 何如 如之何 几希 而已 也已
而已矣 也已矣 焉哉 已矣夫①

《语助》全书总共解释 127 个助语辞，其中字组 66 个，占到将近百分之五十二。尽管其中有的并非惯用字组，而只是起提示语言环境的作用，可这也告诉我们，分析语助不仅要注意字，还需注意到字组。

字组语辞，古代学者早有涉及。如下面对“是故”的辨析：

(29)《礼记·祭义》：“是故朝廷同爵则尚齿。”孔颖达疏：以是之故，朝廷之中同爵则尚齿，官爵同者则贵尚於齿，四代皆然。（汉郑玄注、唐孔颖达疏《礼记正义》第 371 页）

---

① 见卢以纬著、王克仲集注《助语辞集注》，中华书局 1988 年。

(30)《孟子·公孙丑上》:“是故诸侯虽有善其辞命而至者,不受也。”孙奭(shì)疏:如此故,诸侯虽有善辞命而至者,亦不受也。(汉赵岐注、宋孙奭疏《孟子注疏》第28页)

(31)《周易·系辞上》:“圣人设卦观象,系辞焉而明吉凶。刚柔相推而生变化。是故[1]吉凶者,失得之象也。悔吝者,忧虞之象也。变化者,进退之象也。刚柔者,昼夜之象也。六爻之动,三极之道也。是故[2]君子所居而安者,《易》之序也。所乐而玩者,爻之辞也。是故[3]居则观其象而玩其辞,动则观其变而玩其占,是以[4]自天佑之,吉无不利。”(孔颖达《周易正义》第76—77页)

(32)《语助》:“是故,发语更端之辞,亦是其说有所因而发,谓‘因此故’。”《补义》:“是故”虽发语辞,然亦非“盖”字、“夫”字之突然起于句首也;必已有上文,然后方可用此二字。或推开一层,或深入一层,或援引古事,或挽转上文。亦非于前意之外劈空另定一义也,只是引申其说,畅发其辞耳。(元卢以纬著、清陈雷补义、今人王克仲集注《助语辞集注》)

例(29)“是故”孔疏为“以是之故”。文中“尚齿”,“齿”,指年龄,“尚齿”,即崇尚年长者。例(30)“是故”孙疏为“如此故”。例(31)孔颖达疏“是故[2]”说:“是以所居而安者,由观《易》之位次序也。”孔疏“是以[4]”说:“君子既能奉遵《易》象以居,处其身无有凶害,是以从天以下悉皆佑之,吉无不利。”孔氏已明“是故”即为“是以”。从此例看,“是故[1]”、“是故[3]”用“是以”替换,“是以[4]”用“是故”替换,语义不变。例(32)卢氏阐明“是故”为

“发语更端之辞”。陈雷将“更端”进一步阐释为“或推开一层，或深入一层，或援引古事，或挽转上文”。这样步步深入的分析，对后学者大有好处。

清代刘淇辨析“是故”，更将“故”、“是以”、“是故”联系起来。他说：

> 故，承上之辞，犹云“是以”、“是故”。《国语》：“故能保世以滋大。”《毛诗·周南召南谱》曰：“是故二国之诗，以后妃夫人之德为首，终以《麟趾》、《驺虞》。”《正义》云：“是故者，缘上事生下势之称。”……○又《易·系辞》：“是故夫象，圣人有以见天下之迹而拟诸其形容，象其物宜，是故谓之象。”下“是故”，是缘上事之辞；上“是故”，则发语之辞。（刘淇《助字辨略》第197页）

可见，起关联作用的“故”，是现代汉语“因此”、“所以”的意思；“是故”是“以是之故”、“如此故”的意思，跟“是以”相通。“是以”刘淇在另一处说：“《左传·僖公十五年》：‘三施而不报，是以来也。’《孟子》：‘是以若彼濯濯也。’《诗·关雎序》：‘是以一国之事，系一人之本。’《正义》云：‘是以者，承上生下之辞。言诗人作诗，用心如此。’愚案：‘是以’，犹云‘所以’。”（《助字辨略》第123页）近人杨树达云：“‘是以’乃‘以是’之倒文。”可见，这几个语辞有相通之处，但绝不是完全相等。

又如元代卢以纬释“而已、也已、而已矣、也已矣”这组语辞时说：

> 此□无他说之意。“而已”、“也已”则语意截然，有“矣”字又带余声。（元卢以纬著、王克仲集注《助语辞集注》第135—136页）

清代袁仁林释“也矣、也夫、也已矣”这组语辞时说：

“也已”合声。“也矣”合声。“也已矣”三合声。“也”字稍稍勒住，交入“已矣”二字。止息明了，意尽无余。（袁仁林著、解惠全注《虚字说》第64页）

可见，字组语辞比单字语辞更为复杂。同是表示句与句之间和句子内部的语义关系、结构关系，表示句子的语气，字组语辞比单字语辞包含更丰富的内容，表示出更细致的关系。

(2)句首语助

句首语助，又称“句首语辞”，“发语辞”等。句首语助是指出现在句子开头的表示句子语气或句读关系的字和字组。这类语助，早就引起学者们的注意。如《尔雅·释诂》：“‘伊’，维也。‘伊’、‘维’，侯也。”晋郭璞（公元276—324年）在“‘伊’，维也”下注：“发语辞。”清代郝懿行（公元1757—1825年）疏：“三者皆语词也。凡语词之字，多非本义，但取其声。”[①]南北朝时齐梁人刘勰（公元约465—约532年）在《文心雕龙·章句》中进一步归纳。他说：

至于“夫”、“惟”、“盖”、“故”者，发端之首唱。

唐代刘知几（公元661—721年）也说：

……是以“伊”、“惟”、“夫”、“盖”，发语之端也。（刘知几《史通·浮词》）

我们来看一看这些句首语助的实例。例如：

(33)夫战，勇气也。（《左传·庄公十年》）

---

① 郝懿行：《尔雅义疏》(二)释诂下第83页，北京中国书店1982年。

(34)夫被坚执锐，义不如公；坐而运策，公不如义。(《史记·项羽本纪》)

(35)受命于地，唯松柏独也在冬夏青青；受命于天，唯舜独也正。(《庄子·德充符》)

(36)唯灌将军独不失故。(《史记·魏其列传》)

(37)盖闻王者莫高于周文，伯者莫高于齐桓，皆待贤人而成名。(《汉书·高帝纪》)

(38)临大泽无崖，盖乃北海云。(《史记·大宛列传》)

(39)故天将降大任于是人也，必先苦其心志，劳其筋骨，饿其体肤，空乏其身，行拂乱其所为。(《孟子·告子下》)

(40)桓公尝有继绝存亡之功，故君子为之讳也。(《公羊传·僖公十七年》)

(41)伊欲风流而令行。(《汉书·董仲舒传》)

(42)不可畏也，伊可怀也。(《诗·国风》)

上引诸例足可证明，"夫"、"惟"(古通"唯")、"盖"、"故"、"伊"为"发端之首唱"，"发语之端"。可刘勰、刘知几对此都不过是大而言之，并不是要对这几个句首语助进行研究。因此，他们的说法是不足以用来指导组读构句的。

前面说过，我国对"语助"进行专门研究的第一人是元代的卢以纬。下面我们简要介绍卢氏及此后各家关于一些重要语助的用法和用例的论述。

关于语助"夫"。卢以纬指出：

"夫"字在句首者为发语之端。虽与"盖"字颇相近，但此“夫”字是为将指此事物而发语，为不同。有在句中者，如“学夫诗”之类，与“乎”字似相近；但“夫”字意婉而声衍。在句末者，为句绝之余声，亦意婉而声衍。（卢以纬著、王克仲集注《助语辞集注》第49页）

卢以纬已明确指出“夫”在句首、句中、句末的用法。

清初袁仁林《虚字说》开篇就对“夫”字作了颇为详细的解说：

> “夫”字之气，清浮平著，每著于所言而虚指之，有一段铺开扶起、敷布回翔意。厥用五：
>
> 用以劈头发语者，意注所言，乃提出口吻。
>
> 用以承顶上文者，意注前文，即将上件来说明、覆说、总说也。
>
> 用以离前文开说者，意在充拓，乃推开口吻，后必关会前文。大抵前文未了，则用“夫”字紧承；前文太了，则用“夫”字开说。
>
> 用以腰句过递者，亦是气著于下而虚指之。
>
> 用为语已辞者，意有所见，而拖其气以盘旋之，有无限虚空唱叹意。
>
> 句尾，如“嗟乎”、“嗟夫”，“善乎”、“善夫”之类，所争似属毫芒。然细取相较，“乎”之气空洞无著，悠长圆满，能写我意之无穷；“夫”之气回翔虚指，轻清平缓，能写我意之盘旋，其不同如此。（袁仁林著、解惠全注《虚字说》第1—2页）

袁氏将“夫”字用法细分为五种，除用于句首、句末外，用于句中又有承顶上文、离前文开说、腰句过递等三种作用，并举出例句(引文例句略),分析是颇为精到的。

刘淇《助字辨略》更列举了丰富的例句对语助“夫”加以辨析。这里略举他关于“夫”作发语辞、语已辞、语助辞的论述:

夫,《孝经·谏诤章注疏》云:“‘夫’,发言之端。”刘瓛云:“‘夫’,犹凡也。”《尔雅·郭叙》:“夫《尔雅》者”,邢疏云:“‘夫’者,发语辞,亦指示语。”〇《左传·隐公四年》:“夫州吁,阻兵而安忍。阻兵无众,安忍无亲。众叛亲离,难以济矣。夫兵,犹火也;弗戢,将自焚也。夫州吁,弑其君而虐用其民,於是乎不务令德而欲以乱成,必不免矣。”连用 三“夫”字,盖《易·系辞》“是故”之例。

又《论语》:“唯我与尔有是夫。”《史记·孔子世家》:“吾可歌夫!” 此“夫”字,语已辞,犹云“有是哉”、“可哉”也。

又《左传·昭公七年》:“日君以夫公孙段为能任其事,而赐之州田。”《史记·日者传》:“此夫老子所谓上德不德,是以有德。”此“夫”字,语助辞也。(刘淇《助字辨略》第 50 页)

上引句末语助《左传》例“夫”字,刘师培作“彼”字解;《史记》例“夫”字杨树达说“义与‘彼’同”,可作一说。

关于语助“惟”。卢以纬指出:

“惟”、“唯”、“维”,三字皆辞意之专。“惟”从心,心之专也。“唯”从口,口语之专也。“维”从糸,萦系之专也。书文中此三字通用,有如俗语“只”字之意。“唯”作上声,为应答而无别语。“惟”又训“思”,亦以心着此而无别念。“维舟”,是系住在此,皆专之意也。(卢以纬著、王

克仲集注《助语辞集注》第114页）

卢以纬这段话告诉我们三个意思：第一，“惟”、“唯”、“维”三个字在本义上各不相同；第二，书面语中，在“只”的意义上，三个字通用；第三，“唯”可用于应答，“惟”有“思”的意义，“维舟”字组中，“维”是动字。

刘淇对“唯”、“惟”、“维”三字，更引用丰富的例证，分别作了详尽的辨析。下面是他自己对三个字的认识：

(43)唯，……愚案：《书·益稷》：“启呱呱而泣，予弗子，惟荒度土功。”《论语》：“唯我与尔有是夫。”此专辞也，犹云独也。《书·伊训》：“惟元祀。”《诗·大雅》：“维此文王。”《论语》：“唯何甚。”《史记·太史公自序》：“维三代尚矣。”《汉书·张良传》：“今乃立六国后，唯无复立者。”《五行志》：“唯金沴(lì)木。”此发语辞也。《书·仲虺(huī)之诰》：“万邦惟怀。”《诗·大雅》：“价人维藩。”此语助辞也。（刘淇《助字辨略》第19页）

例(43)告诉我们，“惟”、“唯”、“维”三字，作语助确是通用的。例中的“专辞”跟“发语辞”是从不同的角度来说，都有“独”的意思。

(44)唯，《论语》：“曾子曰：‘唯。’”《朱注》云：“唯者，应之速而无疑也。”“楚襄王问宋玉曰：‘先生其有遗行与？何士民众庶不誉之甚也？’宋玉对曰：‘唯，然，有之。’”然，亦应声也。既“唯”又“然”，重应之也。案：《礼记·内则》：“男唯，女俞。”则“唯”乃应之急，而“俞”乃应之徐。然“唯”字有两义：如“曾子曰：‘唯’”，是答者心契其言，而更无所疑惑之辞；如“宋玉曰：‘唯’”，则是犹未以为然，姑且答之，然后徐理其说也。《史记·范雎传》："亲王曰：'先生何以幸教寡人？'范雎曰：'唯唯。'若是者三。"此"唯"字，并是姑且作答，与曾子之"唯"不同也。又"鬻(xín)子对文王曰：'唯，疑。'"注云："既'唯'而又'疑'，如太史公唯唯否否之意。"愚案：此类并是姑应之辞，非实然之也。(同上，第134—135页)

例(44)将表示应答的"唯"分成语义有别的两类：一类是"答者心契其言，而更无所疑惑"，即表示对对方的话或询问的肯定；一类是"姑应之辞"，即对对方的话或询问姑且应之，然后表示自己的意见。这样举例辨析，比卢以纬只说"应答而无别语"就深入细致多了。

关于语助"盖"。卢以纬将它跟"大抵"作对比解释。他说：

盖、大抵　发语之端用一"盖"字，即是"大凡"之意。欲作语之时，将道理一平普看，却议论此事。文中有"大抵"为起句者，亦同。

"盖"者，同在于所覆之中；"大抵"者，同及于所至之处。亦如"大概"，则用概于斗斛之面，坦然一平；"一切"则用刀切物，其平一同，皆普言之也。(卢以纬著、王克仲集注《助语辞集注》第45页)

这里，卢以纬将"盖"、"大抵"列为一组。"盖"为古语辞，"大抵(底)"在唐诗中已常用①。卢又以宋元用语"大凡"、"大概"、"一切"来相互比较，进行解释。

① 参张相《诗词曲语辞汇释》上册第92—93页"大底"，中华书局1953年。

清初袁仁林则注意探讨句首语助“盖”常用的原因。他说：

> “盖”字之气，从上颚穹窿而出，高据苫蔽，有笼统梗概意。故凡推原而粗略者用之，犹云“大概”也。
>
> 既已推究原本，方将凿凿言之，乃必用此笼统梗概之“盖”字起者，何也？曰：两间事理，或非一时言语能尽，自宜以粗略之辞发端。况文家多不著死语，虽真知灼见，亦必用此活字起之，以示约略意。乃立言之体，当如是也。
>
> 凡器有底有盖，盖尝笼罩于上，势足包括其余。今以实字虚用，亦含斯意。（袁仁林著、解惠全注《虚字说》第5页）

袁仁林从“立言之体”说明“推原而粗略”这种矛盾现象而用“盖”字的两个原因：一是客观事理的需要，对于复杂的各种客观现象，“非一时言语能尽，自宜以粗略之辞发端”；一是文家行文的需要，人们一般都不把话讲死，“虽真知灼见，亦必用此活字起之，以示约略意”。这样，用“盖”字起句就很有必要了。

关于盖字“承上”，袁仁林、刘淇有不同的看法。袁仁林认为：

> 用以承顶上文者，因事推理，因迹原心，因前文散举，而归著收拾之，皆推原约略意。《孝经》：“盖天子之孝也”，“盖诸侯之孝也”，前文散举，至此方与归著。实缘篇首未尝提清名目，故于此约略而归著之也。其篇首不先提清名目，亦自有说。盖孝子之心，何所不至，虽其上下分殊，岂无一二可通者，故只于前文散举，至末后方用

"盖"字,约略归著之,正圣经虚字之妥帖也。[①]

刘淇的看法是:

> 《论语》:"丘也闻有国有家者,不患寡而患不均,不患贫而患不安。盖均无贫,和无寡,安无倾。"或谓此"盖"字乃承上之辞。不知古未有训"盖"为承上者,近代科举文字始用以为承转耳。此"盖"字,虽非疑辞,然圣人之言,婉而不直,但言"均"、"和"、"安",有"无贫"、"无寡"、"无倾"之理而已,不肯径云"均则无贫,和则无寡,安则无倾",而加"盖"字,以缓其辞。谦谦之象,从可知也。(刘淇《助字辨略》第208—209页)

从上面的两段引文看,我们认为,"顶承上文"跟"谦谦之象"没有矛盾。"顶承上文"是从上下句的语义关系来说,"婉而不直"是从行文的表达方式来说,上面引文中无论是《孝经》例还是《论语》例,都符合这两方面的要求。若从"大概"义、因果义作进一步辨析,它们之间是有差别的。

袁仁林、刘淇都注意到,"盖"主要作句首语助,也还能作句中语助。袁仁林说:"又如《小雅·正月》之篇,有曰:'谓山盖卑','谓天盖高','谓地盖厚'。'盖'字腰句亦奇,然只是约略意。""腰句"即作句中语助,"奇"在这里是不常见的意思。刘淇对"盖"作句中语助的辨析有下面这样一段话:

---

① 袁仁林著、解惠全注:《虚字说》第5—6页,中华书局1989年。引例《孝经》原文为:"子曰:'爱亲者,不敢恶于人;敬亲者,不敢慢于人。爱敬尽于事亲,而德教加于百姓,刑于四海,盖天子之孝也。'""在上不骄,高而不危;制节谨度,满而不溢。高而不危,所以长守贵也。满而不溢,所以长守富也。富贵不离其身,然后能保其社稷,而和其民人,盖诸侯之孝也。"《十三经注疏》下册第2545、2547页,中华书局1980年。

又《汉书·礼乐志》:"神夕奄虞盖孔享。"师古云:"'盖',语辞。"愚案:此"盖"字在句中,语助辞也。①

又《荀子·哀公篇》:"君出鲁之四门,以望鲁四郊,亡国之虚,则必有数盖焉。"杨注云:"'有数盖焉',犹云'盖有数焉',倒言之耳。"愚案:此"盖"字亦是语助辞。语助则或上或下,各从所安。本无定所,不必专以'盖有数焉'为正文也。(刘淇《助字辨略》第209页)

袁仁林引例、刘淇引例,"盖"解为"约略"、"大概"义,都说得通。这类字,现代语法学称之为副词。刘淇说句中语助"或上或下,各从所安","本无定所",此语不实,因句中语助的管辖范围是有定的。

关于语助"故"。卢以纬指出:

故,有所因而然。《檀弓》言"何居","居"亦故也。或有在句末者,其意亦谓因由为此。(卢以纬著、王克仲集注《助语辞集注》第18页)

卢以纬只说"故"在上下句中所表示的语义关系,对句首语助"故"语焉不详。我们看刘淇的辨析:

故,承上之辞,犹云"是以"、"是故"。《国语》:"故能保世以滋大。"《毛诗·周南召南谱》曰:"是故二国之诗,以后妃夫人之德为首,终以《麟趾》、《驺虞》。"《正义》云:"'是故'者,缘上事生下事之称。"

又《礼记·曲礼》:"故君子式黄发。"郑注云:"发句言

① 刘淇将句首语助称之为"发语辞",句中语助称之为"语助辞",句末语助称之为"语已辞"。

‘故’，明此众篇杂辞也。”愚案：此句文义与上不属，故知是发语之辞，与承上起下者别也。

又《易·系辞》：“是故夫象，圣人有以见天下之迹，而拟诸其形容，象其物宜，是故谓之象。”下“是故”，是缘上事之辞；上“是故”，则发语之辞。郑氏所谓“众篇杂辞”者是也。（刘淇《助字辨略》第197页）

在句首出现的“故”，用作“承上之辞”，现代语法学称之为连词；用作“发语之辞”，现代语法学称之为副词、语气词。语气词“故”通“夫”，都在句首表示要发议论。“故”用作句中语助，刘淇也详加辨析。我们仅引其“语助”例：

又《史记·赵世家》：“秦服其劳而赵受其利，虽强大不能得之于小弱，小弱故能得之于强大乎？”《世说》：“卿故复忆竹马之好不？”又云：“故当是其妙处不传。”又云：“阿酃（líng）故粗有才具。”又云：“使真长来，故应有以制彼。”颜延之《五君咏》：“物故不可论，途穷能无痛。”诸“故”字，语助，犹云“乃”也。（同上，第198页）

语助“故”以用在句首为常，句中次之。用在句末，多有实义，如：“父母俱存，兄弟无故。”（《孟子·尽心上》）“持之有故”、“无缘无故”等。

(3)句中语助

句中语助是指处于句子中间的表示语气和句读关系的字或字组。刘勰在《文心雕龙·章句》就说到：

“之”、“而”、“于”、“以”者，乃扎句之旧体。

“扎句”即今之构句。

下面我们看用"之"、"而"、"于"、"以"来扎句的实例：

(45)人之患在好为人师。(《孟子·离娄上》)

(46)道之所存,师之所存也。(韩愈《师说》)

(47)以君之力,曾不能损魁父之丘。(《列子·汤问》)

(48)故兵无常势,水无常形,能因敌变化而取胜者,谓之神。(《孙子·虚实篇》)

(49)秦之攻我也,不遗余力矣,必以倦而归也。(《战国策·赵策三》)

(50)令天下重足而立,侧目而视矣。(《史记·汲黯列传》)

(51)百岁之后,归于其居。(《诗·唐风·葛生》)

(52)北戎伐齐,齐使乞师于郑。(《左传·桓公五年》)

(53)告汝德之说于罚之行。(《尚书·康诰》)

(54)百工为方以矩,为圆以规,直以绳,正以县。(《墨子·法议》)

(55)赏以春夏,刑以秋冬。(《左传·襄公二十六年》)

(56)明法以绳天下。(《盐铁论·轻重》)

各句例字前后结构关系和语义关系并不完全相同,这里不作详细的解释,因为我们只取其在句中的构句作用。

可是,"之"、"而"、"于"、"以"的构句作用绝不只是用在句中,作为语助,它们也还有其他用法。古代学者对此有相当深入的研究。

关于语助"之"。元代卢以纬将它和"诸"放在一起作对比分析。他说：

> 之、诸 "之"，指也。"大成之殿"，指此殿为大成殿也。"圣人之言"，指此言为圣人言也。凡"之"字多有"底"字义。"诸"、"之"二字，释文同义，却又云："'有诸？'曰：'有之。'"则"诸"字乃审问而未的然之意。如"闻斯行诸？""盍去诸？"（卢以纬著、王克仲集注《助语辞集注》第10页）

卢以纬认为，作为语助的"之"仍有指示义，有"底"字义，都是不错的。"之"、"诸"二字，注释的人往往作同义处理，卢认为"诸"在句末表疑问语气（相当于"之乎"），"之"没有这种用法。

清代刘淇对语助"之"的用法也有较详细的例说，如：

> 之，《广韵》云："语助辞。"《诗·国风》："葛之覃兮。"又云："公侯之事。"《小雅》："之屏之翰。"《论语》："子路有闻，未之能行。"《汉书·律历志》："法一月之日二十九日，八十一分日之四十三。"张曲江《岁初处分敕》："天下黔黎，皆朕赤子，以诚告示，其或之归。"韩退之《进士策问》："是二说者，其信有是非乎？抑所指各殊，而学者不之能察也？"以上"之"字，并语助辞。①

上例中"葛之覃"、"公侯之事"、"一月之日二十九日"、"八十一

---

① 刘淇：《助字辨略》第4页，中华书局1954年。又：引文中"未之能行"，"其或之归"，"不之能察"中的"之"，刘师培、杨树达指出：不是语助，而是指代词，即为"未能行之"，"其或归之"，"不能察之"的倒文。这符合古代汉语的构句规律。可刘淇所说的"语助"，并不等于《马氏文通》及其以后的"助字（词）"。参本章§1语序。

分日之四十三”中的“之”，用现代语法学术语，则称之为构成名词性偏正结构的助词。“之屏之翰”、“未之能行”、“其或之归”、“不之能察”中的“之”，现代语法学称它为指代词。后三例是语序变换，“之”兼有构句作用，正如卢以纬注意到“大成之殿”、“圣人之言”中的“之”仍含指示义。因而，刘淇接着就说到：

> 又指事之辞。如《论语》：“学而时习之。”“之”，谓其所学。“老者安之。”“之”，谓老者也。（同上，第5页）

古代学者能注意到“之”字的两种用法，为后代学者特别是今天的我们，提供了极有用的根据。“之”作句末语助，还有其他用法，这里略作补充。例如：

> (57)神之听之，式谷以女。（《诗·小雅·小明》）
>
> (58)鸲之鹆之，公出辱之。（《左传·昭公二十五年》）

例(57)“神之听之”、(58)中的“鸲之鹆之”中的“之”纯表语气。“鸲鹆”(qú yù)即今之八哥鸟。

关于语助“而”。卢以纬指出：

> 而，是句中转折，带此声以成文见意。句首有“而”字，亦是承上文转说下意。句末有“而”字，却是咏歌之助声，与“兮”字相类。“偏其反而！”“俟我于著乎而！”（卢以纬著、王克仲集注《助语辞集注》第13页）

卢以纬首先注意到“而”字的“句中转折”作用，同时提出句首语助“而”、句末语助“而”跟句中语助“而”在构句作用上的相同与不同。这里的“而”大致相当于现代语法分析中的连词和语气词。

清代刘淇研究“而”，是在卢以纬研究的基础上丰富例句，详加辨析。我们看刘淇对“而”作句中语助、句首语助、句末语助的分析：

> A、承上转下，语助之辞，《论语》“本立而道生”是也。〇又如《论语》“敬事而信”，此“而”字，但为语助，无所承转，去“而”字则不可以句也。《战国策》：“管燕得罪齐王，谓其左右曰：‘子孰而与我赴诸侯乎？’”注云：“‘而’，语辞。”
>
> B、《论语》：“而谋动干戈于邦内。”此“而”字，是转语，犹云“而乃谋动干戈於邦内”也。《礼记·檀弓》：“泰山妇人哭於墓而哀。夫子使子路问之，曰：‘子之哭壹似重有忧者。’而曰：‘然。’”郑注云：“而”，犹乃也。
>
> C、《诗·国风》：“俟我於著乎而。”《论语》：“偏其反而。”又云：“已而已而。”《汉书·韦贤传》：“我虽鄙耉(gǒu)，心其好而；我徒侃尔，乐亦在而。”师古云：“‘而’者，句绝之辞。”愚案：语已辞，如“兮”、“只”之类。（刘淇《助字辨略》第10—11页）

此外，刘淇引清代顾炎武《日知录》，辨析“而”通“如”，通“若”，为设辞。

袁仁林则细致分析，因例设喻，妙趣横生。首先，他解释语助“而”的四种用法，以通俗用语“又”字、“然”字、“乃”字、“因”字来表明，“而”本身在不同的语言环境中语义上的差别；又用比喻“递辊”、“曲辊”、“平辊”、“顺辊”来说明跟它组合的两部分之间的语义关系，并以实例替换来加以证明；然后归结到上下截“过递”的差异。他说：

> “而”字何以善变？总缘上下截变态不一，致使过递处各异，其实只“过递”二字尽之。
>
> 《易》言“形而上”、“形而下”，由形体过递上下，此顺辊也。妙不用“之”字，用“而”字。“之”字实指，“而”字虚递。形之上下，顶踵也；形而上下，则道器矣。虚字之毫厘千里有如此者，安可不审！
>
> 用为语已辞者，“已而已而”，“今之从政者殆而”，其气凝停沉挚，随语平拖。（袁仁林著、解惠全注《虚字说》第 10 页）

袁氏述说，洋洋洒洒一千余字，解释不能说不妙，然而却说不上是精。这有研究历史条件的原因，也有句读分析术语不足的限制。

关于语助“于”。卢以纬指出：

> 于，是指那事物或地名之类而言，故着一“于”字以指定之。与“於”字相类，微有轻重之别。“于”比“於”意略重。（卢以纬著、王克仲集注《助语辞集注》第 30 页）

这里的“于”相当于现代语法学中“于”的介词用法，引出与动作行为有关的对象、处所和时间。卢以纬是清楚地说明了这一点的。

清代袁仁林解释“於”、“于”二字，既说声气，又论语义。他说：

> “於”、“于”二字之声，但观其出声时聚唇而前出，可以得其用矣。有专趋直注之情，有往取向著之意，乃是尖利轻溜交涉一边之字。（袁仁林著、解惠全注《虚字说》第 79 页）

袁氏说声气的话流于虚玄，让人难以捉摸；论语义确也抓住了特点，其“有专趋直注之情，有往取向著之意”，给人以启发。

清代刘淇释“于”、“於”，共分三种用法：发语辞，助语辞，“在”、“从”义。他说：“於，同‘于’。《尔雅》云：‘爰，于也，曰也；粤，曰也，于也。’愚案：‘於’得为‘爰’、‘粤’、‘曰’者，发语辞也。”（《助字辨略》第38页）刘氏给每一种用法都多例并列，现略举数例如下：

> 《易·系辞》：“於稽其类，其衰世之意邪！”《孟子》：“於答是也何有！”……《淮南子·原道训》：“於越生葛绨。”高注云：“於，发声。”又韩退之《贺册尊号表》：“陈情恳至，于再于三。”此“于”字，亦发语辞也。
>
> 又《广韵》云：“语辞也。”《书·尧典》①：“肆类于上帝，湮于六宗。”《诗·国风》：“王于兴师。”《论语》：“子禽问於子贡曰：‘夫子至於是帮也。”《孟子》：“王如知此，则无望民之多於邻国也。”此“於”（于）字，并助语辞，不为义也。
>
> 又《广韵》云：“居也。”愚案：“居”，犹云在也。《诗·国风》：“于沼于沚，于涧之中。”《论语》：“於予与改是。”又云：“始吾於人也。”又云：“君子之於天下也。”又云：“於我殡。”《左传·襄公九年》：“於我未病，楚不能也。”《孟子》：“於传有之。”《史记·五帝记》：“高辛於颛顼为族子。”张平子《南都赋》：“於其陂（bēi）泽，则有钳卢玉池，赭阳东

① 《书·尧典》当为《舜典》，引文见《尚书正义》第十四页，《十三经注疏》上册第126页，中华书局1980年。

陂。""於"之得为"在"者,《左传·襄公八年》:"寡君在君,君之臭味也。""在"合训"於",则"於"亦得为"在"也。又《史记·周纪》:"为王计者,周於秦,因善之;不於秦,亦言善之。""於秦",犹云"从秦","从"与"在"义相近也。(《助字辨略》第38—40页)

现代语法学释"於"、"于"为介词、连词、助词,大致相当于刘淇说的第二、第三种用法。"於"、"于"的语气作用,刘淇已注意到"发语辞",未提及句末表疑问语气的"语已辞"。

关于语助"以"。卢以纬对"以"有这样的论述:

以,有训"用"处,"为政以德"之类。有训"为"处,"视其所以"之类。亦有如俗语"将去"之意、"把来"之意。又《左氏传》云:"能左右之曰以。"

夫子何不便言"为政用德"、"视其所为",读书者试详之。(卢以纬著、王克仲集注《助语辞集注》第26页)

这里,卢以纬释"以"没有抓住语助的特点。"以德"与"用德","所以"与"所为",是语义和用法上的差别,不是"有实义"、"不为义"之所在。清代袁仁林的视野就开阔多了。他说"'以'字之用有八":"用"也;"为"也;"故"也;"因"也;"实"也;又能左右之曰"以";又古"以"、"与"之声相通,"以"犹"与"也[①]。袁仁林说"以"字,是虚实并举,平面铺开。在此,我们不必甄别,先看刘淇怎样辨析。刘淇辨析"以"字,共有十一项:

其一,《广韵》云:"用也。"《论语》:"不以礼节之。"又

① 参袁仁林著、解惠全注《虚字说》第75—79页,中华书局1989年。又:袁说"'以'字之用有八",实际只列出七项。七项中"'实'也"一项没有举例,似与"能左右之"相近。

云："道之以政，齐之以刑。"《庄子·逍遥游》："奚以之九万里而南为？"《汉书·食货志》："以临万货，以调盈虚，以收奇羡。"又《左传·僖公二十六年》："公以楚师伐齐，取谷。凡师能左右之曰'以'。"杜注云："'左右'，谓进退在己。"愚案："能左右之"，亦用辞也。

其二，《汉书·高帝纪》："乡者夫人儿子皆以君。"此"以"字，犹"因"也。"以"得为因者，"因"是爰辞，"爰"、"用"相通，"以"既为用，故可转为"因"也。

其三，《列子》："宋人执而问其以。"注云："'以'，故也。"愚案："以"得为"故"者，亦"因"之转也。

其四，《易·系辞》："夫《易》，广矣，大矣。以言乎远，则不御；以言乎迩，则静而正；以言乎天地之间，则备矣。"此"以"字，犹云"于以"，乃爰辞也。

其五，《论语》："礼以行之，孙以出之，信以成之。"韩退之《贺册尊号表》："欢欣踊跃，以歌以舞。"此"以"字，语助不为义也。

其六，……《孟子》："自有生民以来。"《史记·天官书》："幽、厉以往，尚矣。"《高帝纪》："南浮江汉以下。"此"以"字，犹"而"也。

其七，《论语》："无以为也。""无以"，犹云"不可如此"。

其八，《易·复卦》："上六。用行师，终有大败，以其国君凶。"朱子《本义》云："'以'，犹及也。"愚案："以"、"与"古通，"与"得为"及"，故"以"亦得为"及"也。

其九，《孟子》："三月无君则吊，不以急乎？""以"通

"已","已急",犹太急也。

其十,《孟子》:"无以,则王乎!"朱注云:"'以'、'已'通用,'无已',言必欲言之而不止也。"愚案:此与下篇"无已,则有一焉"义同。……如《管子》:"臣闻之:消息盈虚,与百姓绌信,然后能以国宁。勿已者,朋其可乎?"亦是转作商量之语,非必欲言之不止也。

其十一,《礼记·檀弓》:"天则不雨,而望之愚妇人。于以求之,毋乃已疏乎!"陈氏《集说》云:"'于以求之',犹言'于此求之'。"(刘淇《助字辨略》第128—131页)

刘淇辨析的结果是:其一,用也;其二,因也;其三,故也;其四,爰辞;其五,语助不为义;其六,而也;其七,如此义;其八,及也;其九,已也;其十,"无以",转作商量之语;其十一,此也。

刘淇的辨析与袁仁林的解说相比较,情况如下:

袁说	刘辨
1. 用也	1. 能左右之,亦用辞也
2. 为也	2. 因也
3. 故也	3. 故,亦因之转也
4. 因也	4. 以=于以
5. 实也	5. 语助不为义也
6. 能左右之	6. 而也
7. 与也	7. 无以=不可如此
	8. 与也,及也
	9. 已也
	10. 无以,商量之语
	11. 于以=于此

袁仁林《虚字说》中的1和6,刘淇在《助字辨略》中合而为一。

这是有道理的。袁仁林在“用也”下的引例是：

> “以不教民战”，“则以学文”，“怨乎不以”，大抵书文中作“用”字解者极多。（袁仁林著、解惠全注《虚字说》第75页）

在“能左右之曰‘以’”下的引例是：

> 《诗》：“之子归，不我以。”注：“能左右之曰‘以’，谓挟己而偕行也。”《周颂》：“侯强侯以。”注：“‘强’，谓民有余力来助者；‘以’，谓闲民转移执事者。”合两处观之，大抵是挟持扶助义。（同上）

上例“之子归，不我以”出自《诗·召南·江有汜（sì）》。诗中还有“之子归，不我与”、“之子归，不我过”之句，可知“以”和“与”、“过”均为实义字。现代句式则为：“不以我”，“不与我”，“不过我”。意思分别是：不要我这个人，不同我一起生活，不来我这里。“侯强侯以”出自《诗·周颂·载芟（shān）》，《毛诗》注：“‘强’，强力也；‘以’，用也。”孔颖达疏：“‘强’，谓力能兼人，故云‘强，强力也’；‘以’者，佣赁之人，以意驱用，故云‘用也’。……‘强’，有余力，谓其人强壮，治一夫之田仍有余力，能佐助他事者也。……‘以’，谓闲民，今时佣赁者。……郑司农云：‘闲民，谓无事业者转移为人执事，若今时佣力也。’……《僖二十六年·左传》曰：‘凡师能左右之曰以。’”①上引孔疏说明，古代学者并未把“用也”跟“能左右之”分开。按刘淇《助字辨略》的辨析，“故”、“因”两项当合为一项。但在

---

① 孔颖达：《毛诗正义》第333页，《十三经注疏》上册第601页，中华书局1980年。

因果句式中，“因”用于表原因部分，“故”用于表结果部分，“以”则兼之。又刘淇“以＝于以”，“无以＝不可如此”，“无以，商量之语”，以及“于以＝于此”，四项当合为一项，“以”皆为“此”意。“无以”意为“不如此”，则下接商量之语。“于以”在问句中则为“于何”意。如：“于以采蘩？”（在哪里采白蒿？）“于以用之？”（在什么地方用它？）“于以求之？”（去哪里找它？）“于以盛之？”（用什么盛它？）等。

句中语助“以”，现代语法学归之为介词、连词和代词。今之介词大致为古之“用”也、“因”也，今之连词即古之“而”也、“故”也，今之代词则指古之“无以”、“于以”之“以”。“以”本为动字，作“用”讲，如屈原《九歌·涉江》：“忠不必用兮，贤不必以”。又《列子·周穆王》“宋人执而问其以”之“以”，古为静字，今叫作名词。

古代学者对句中语助的研究成果颇丰，这里不能一一介绍。从上述“之”、“而”、“于”、“以”的介绍，可以表明，古代学者的研究语助是处处注意句读结构和句读关系的。

(4)句末语助

句末语助是指处在句子末尾的表示语气的字和字组。正如刘勰在《文心雕龙·章句》中所说：

> “乎”、“哉”、“矣”、“也”，亦送末之常科。

“科”，类别。“常科”，常用的字类。唐代刘知几在《史通·浮词》中也指出：

> “焉”、“哉”、“矣”、“兮”，断句之助也。

下面我们看句末语助“乎”、“哉”、“矣”、“也”、“焉”、“兮”

的实例。例如：

(59)徐问之曰："汝识字乎？"曰："不识字。"(《梦溪笔谈·讥谑》)

(60)微乎微乎，至于无形；神乎神乎，至于无声，故能为敌之司命。(《孙子·虚实篇》)

(61)晋，吾宗也，岂害我哉！(《左传·僖公五年》)

(62)此何鸟哉？翼殷不逝，目大不睹！(《庄子·山木》)

(63)鞅曰："吾说公以霸道，其意欲用之矣。"(《史记·商君列传》)

(64)为医以拙矣，又多求谢；为吏既多不良矣，又侵渔百姓。(《盐铁论·疾贪》)

(65)计者，所以定事也，不可不察也。(《韩非子·存韩》)

(66)鱼，我所欲也；熊掌，亦我所欲也。二者不可兼得，舍鱼而取熊掌者也。(《孟子·告子上》)

(67)王笑曰："圣人非所与熙也，寡人反取病焉。"(《晏子春秋·内篇杂下》)

(68)是故张军而不能战，围邑而不能攻，得地而不能实，三者见一焉，则可破毁也。(《管子·七法》)

(69)皇天之不纯命兮，何百姓之震衍？民离散而相失兮，方仲春而东迁。(《楚辞·九章·哀郢》)

(70)祸兮，福之所以；福兮，祸之所伏。(《老子·五十八章》)

句末语气是丰富多变的，用字也就比较多，这里不宜尽举。正如袁仁林所说：

> 语端之辞，开口道出，变态少。语已之辞，则各随其语句之首，反正轻重而一一副之，而其情各异，故变态多。
>
> 语已之辞，不过随语带其声以见意。其所带之声，或足之，或拖之，或顿之，或撑之；或提起而落之，或倒卷而指之，或直来而了之。语意藉是声气以圆成，而非此声气之中，即具有语意也。（袁仁林著、解惠全注《虚字说》第122—123页）

“声气”即现在人们说的语气。我们知道，语气可以在书面上用文字表示出来，也可以不表示。没有文字表示的语气，就需要读者去体会揣摩了。

在我国古代经籍中，《周易》、《尚书》表语气的字用得少，《孟子》、《春秋三传》以后就越来越多，用字趋于丰富精密。所以，唐代柳宗元（公元773—819年）在《复杜温夫书》中说：

> ……但见生用助字，不当律令，唯以此奉答。所谓“乎”、“欤”、“耶”、“哉”、“夫”者，疑辞也；“矣”、“耳”、“焉”、“也”者，决辞也，今生则一之。宜考前闻人所使用与吾言类且异，慎思之则一益也。①

句末语助，有的表疑问语气，称为疑辞；有的表决断语气，称为决辞，两者不能混淆。柳宗元说杜温夫“今生则一之”，也就是疑辞、决辞分不清，结果是“不当律令”，不符合句末语助的用字规则。怎么办？柳宗元说，要考察有名望的人怎么用，看看他说的话对不对，认真思考就会有所收益。

---

① 柳宗元：《柳河东全集》第365—366页，中国书店1991年。

句末语助除疑辞、决辞外，还有叹辞。疑辞又称“问辞”、“诘问辞”等。

下面我们就“乎”、“哉”、“矣”、“焉”、“也”、“兮”六字来探讨古代学者研究的情况。

关于句末语助“乎”。元代卢以纬解“乎”字，将“欤”（“与”同）、“邪”（或作“耶”）列为一组。他指出：

> “乎”字，多疑而未定之辞。或为问语，只是俗字“麽”字之意。“欤”字、“邪”字，为句绝之余声，亦类“乎”字之意。此三字，有如对人说话而质之者。“邪”字间有带疑怪之意。
>
> 句中央着“乎”字，如“浴乎沂”之类，此“乎”字与“於”字、“夫”字相近，却有咏意。“攻乎异端”，意微激作，非若“於”字之详妥也。（卢以纬著、王克仲集注《助语辞集注》第2—3页）

卢以纬这段话先说句末语助“乎”。有两点值得注意：其一，“乎”是疑辞，意同俗字“麽”；其二，“欤”、“邪”跟“乎”同类。又说句中语助“乎”，跟“於”字、“夫”字相近，意微有别。

清代袁仁林在《虚字说》中也将“乎”、“与”、“耶”三字为一组，仍解说“乎”作句中语助和句末语助的情况。他强调声气，因而从“声”的方面也说了许多。袁的解说比卢以纬深入细致。如作为句末语助的疑辞，他说：

> 用凡有三：一则实疑未定者，一则谦退带疑者，一则无疑拖语者。按：三项惟视句首所安字样相成见意。句首字样，有顺有逆。如“岂其”、“宁非”、“其诸”、“安在”、“其”字、“殆”字类。……大抵宜足处用“乎”字，宜嫩处

用“与”字，二字不容互换。（袁仁林著、解惠全注《虚字说》第33—34页）

三种用法还分别解说并举例。例如：

A、实疑未定者，乃因事理未明，莫知定向，用此托其疑沮不前之气，言下有求定意。“可谓仁乎？”“管仲非仁者与？”

B、谦退带疑者，乃因事体重大，道理微妙，或是敬对尊长，心虽有见，不敢直言，用以寄其谦退意。言下于不死煞中，意已隐然有定。“其为仁之本与？”“无乃太简乎？”

C、若夫无疑拖语者，何也？曰：文家万无句句僵说之法，一撑一拖，虚实相生，精神始活。故尝藉其平拖虚婉之声，以为言中节度，而后口角松活，语言流畅，读之绰有余味。拟议处，赞叹处，批驳处，待人自思处，要人信心处。（同上）

在论说句中语助“乎”时，也跟“於”字比较，他说：

腰句过递中用“乎”字，与“於”字有别。“乎”字气常圆满、包含，用以腰句，能使上截微顿乃下，而情辞自足。“致孝乎鬼神，致美乎黼冕，尽力乎沟洫。”换“於”字无此充足。所以然者，“乎”字气能足上，“於”气直趋下故也。“於”字气常巽顺直趋，用以腰句，能使上截轻松贯注，而情辞自捷。“止於至善”，“明明德於天下”，用“於”字径捷。所以然者，其气聚唇前出故也。

总之，语势回翔取足，则用“乎”字递下；语意直趋贯注，则用“於”字递下。“乎”、“於”二字，有互换无嫌处，即

有不容变换处。（同上，第34—35页）

这里“乎”、“於”二字的区别，现代人不容易领会，因“乎”字已不再通用。袁氏上论“乎”、“与”二字“不容互换”，这里又论“乎”、“於”二字“有互换无嫌处，即有不容变换处”，古代学者这种朴素的“变换”分析的观念和方法，从《公羊传》《谷梁传》分析“雉门灾及两观”到清代的字、句变换，实在是十分宝贵的遗产。

句中语助的“乎”、“於”，现代语法学称之为介词，用法相似。可“於”字应用范围广，“乎”字常限于引进处所、原因、比较的对象；有时，“於”及其关涉对象必须在动字前，而“乎”及其关涉对象只能在动字后。例如：

(71)《汉书·贾山传》：“然而兵破於陈涉，地夺於刘氏。”

(72)《淮南子·修务》：“圣人见是非，若黑白之於目辨，清浊之於耳听。”

上两例中的“於”不能变换为“乎”。

清代刘淇辨析“乎”字，首先注意到句末语助“乎”有两义，即“咏叹之辞”和“不定之辞”，即疑辞。他说：

乎，《说文》云：“语之余也。”愚案：语已之辞也。然有两义：一是咏叹之辞，如《论语》：“必也正名乎”，“其如示诸斯乎”，“以与尔邻里乡党乎”之类是也；一是不定之辞，如《论语》：“信乎夫子不言、不笑、不取乎？”《孟子》：“亦将有以利吾国乎？”之类是也，柳柳州所谓“疑辞”者也。（刘淇《助字辨略》第52页）

刘淇辨“乎”字为“两设之辞”的一例，那是弄错了句中的关联辞语。先看他举的例：

> 《汉书·食货志》："法钱不立，吏急而壹之虖，则大为烦苛而力不能胜；纵而弗呵虖，则市肆异用，钱文大乱。""虖"同"乎"。此两"乎"字，两设之辞也。（同上）

这里的句式是："A 则 B；Y 则 Z。"表示"假设"关系的辞是"则"，而不是"乎"。可解两"乎"字是表示假设关系的语气词，如现代汉语的"呢"，即为"A 乎，则 B；Y 乎，则 Z"。刘淇还论及"乎"与"於"的一致处，及由"乎"组成的字组，这里不作讨论了。

关于句末语助"哉"。元代卢以纬指出：

> 哉，句绝而有嗟叹之意。又有如《尚书》"禹曰：'俞哉！'"，《左氏传》"公曰：'诺哉！'"，却是口以为然心不以为然之意。在句中，如"贤哉！回也。""君子哉！若人。"直是叹其人之果贤果君子。更有"矣哉"、"也哉"、"乎哉"、"者哉"之类，文各有旨，宜随所指而味之。（卢以纬著、王克仲集注《助语辞集注》第 16 页）

卢以纬只注意到"哉"的嗟叹之意，观察受到局限。他说的句中用法，实际上是正常句式在特定语境中的语序变换，仍是嗟叹意。

清代袁仁林解说"哉"字，只注意到"声"的问题。他说：

> "哉"字之声，古点上颚，在拖语声中，最为开大重实。
>
> 取"与"、"乎"、"哉"三字相较："与"字清嫩悠长，其气舒徐无尽，其情专一平趋，能使语归柔活；"乎"字充足悠长，其气圆满包含，其情空洞无著，能使意足言中；"哉"字挺劲悠长，其气毕达无余，其情苍老衰息，能使声闻天外。

"与"在唇上，直趋轻溜。"乎"能充口扶苏不走。"哉"则挨腮而出，开大收来，紧急严重。(袁仁林著、解惠全注《虚字说》第39页)

袁氏之说，虽非无据，然声气飘忽，总感虚玄。按现代语言学的通则，语音和语义一般来说没有必然的联系，然而，作为社会现实的特定语言中的语音在一定程度上对语义还是有制约作用。袁氏的解说有一定的道理。作为句末语助，"哉"主要表示感叹或疑问，情意强烈，"紧急严重"；"乎"表示疑问或感叹，有咏叹和慨叹意；"与"则主要表疑问。

刘淇虽与袁仁林同时，他对"哉"的研究就深入得多。他说：

哉，《说文》云："言之间也。"《诗·大雅》："陈锡哉周。"《朱传》云："'哉'，语辞。"《正字通》云："'哉'之在句中者，为助语辞，为间隔之辞；在句末者，为语已辞。"

愚案：语已辞有两义：《孟子》："不识此语诚然乎哉？"此疑辞也。《论语》："大哉，尧之为君也。""洋洋乎盈耳哉！"此叹辞也。

又《论语》："玉帛云乎哉，钟鼓云乎哉？""乎哉"，反设之辞，兼疑叹二义。(刘淇《助字辨略》第58—59页)

刘淇不仅注意到"哉"字在句中、句末两种用法，还注意到句末有疑辞、叹辞两义。从他说"大哉"的"哉"是语已叹辞来看，该句为倒装句也是很明确的。

关于句末语助"也"、"矣"、"焉"。元代卢以纬在《语助》的开头，就将三字为一组加以对比。他说：

也、矣、焉，是句意结绝处。"也"意平，"矣"意直，

"焉"意扬。发声不同,意亦自别。(卢以纬著、王克仲集注《助语辞集注》第1页)

句末语气辞因声别意,是很有道理的。卢氏以"平"、"直"、"扬"区别三字的语意差异,实为三种语调的调型。语调调型跟句意、句式有关,卢氏将语气词跟语调调型相联系,描写颇为细致。

清代袁仁林大约受卢以纬的影响,更将"矣"、"已"、"焉"、"也"四字为一组对比解说。他认为:

"矣"、"已"、"焉"、"也"四字,乃语中正说之尾声。

"矣"字,类俗间"了"字口吻。其声尖利清越,倒卷净尽,亦尝随语轻重。

"已"字,略带止息缩住意。声与"矣"字一样尖细,但彼则声情卷起悠长,此则声情止息无余。

"焉"字,平来平落,足其本然之辞。诸项虚字中,惟此"焉"字,定静平延,百无变态。

"也"字之气,疏爽质实,专确无疑,故其於语也,钩勒完结,然亦时有变态。

"也"字有二用:一是结上,一为起下。凡语意著实,用以钩勒收声,归于明了,此为结上。凡语意方始,用以衬垫扬起,以便措语,此为起下。"君子之於天下也","也"字起下;"无适也","无莫也",两"也"字结上。(袁仁林著、解惠全注《虚字说》第54—55页)

今人释"矣"多用"了"意,袁仁林功不可没。"已"用于句末,还可用于句中。"焉"用于句末,还用于句首、句中。"也"用于句末,也用于句中。

清代刘淇辨析“矣”字，也只说“语已辞”例，增加“也已矣”、“而已矣”用法，并说：“凡语已辞，咏叹深至，则辞气阐缓而长，故重叠言之也。”（《助字辨略》第137页）

刘淇辨析“焉”字，既注意到句末“决辞”，也析句中、句首用法。刘淇主要是根据北齐颜之推（公元531—约590年以后）《颜氏家训》“音辞”篇的一段话来作考辨。下面是刘淇引用的颜之推的原文：

> 诸字书“焉”者，鸟名，或云语词，皆音於愆（qiān）反。自葛洪《要用字苑》分“焉”字音训：若训“何”，训“安”，当音於愆反，“於焉逍遥”，“於焉嘉客”，“焉用佞”，“焉得仁”之类是也。若送句及助语，当音矣愆反，“故称龙焉”，“故称血焉”，“有民人焉，有社稷焉”，“托始焉尔”，“晋郑焉依”之类是也。江南至今行此分别，昭然易晓。而河北混同一音，虽依古读，不可行于今也。①

颜之推精于小学，至隋曾与陆法言等共定《切韵》纲目。颜之推在“音辞”篇中释“焉”、“邪”等字，可谓开语助研究的先河。他释“焉”字，涉及句首、句中、句末，兼及隋代方音，考察既深且广。

刘淇的辨析有新的进步。除“焉”训“何”、训“安”外，他还注意到：

> A、“晋郑焉依”之“焉”，语助辞，犹云“晋郑是依”也。如《诗·国风》“心焉忉忉（dāodāo，忧愁）”之类。
>
> B、又《孟子》：“人莫大焉亡亲戚君臣上下。”此“焉”

① 颜之推：《颜氏家训》第41页，《诸子集成》（8），上海书店1986年。

字，“於”辞，犹云“人莫大於亡亲戚君臣上下”也。

C、又《左传·襄公二十一年》：“若大盗，礼焉以君之姑姊与其大邑。”此“焉”字，“之”辞也。季武子以公姑姊妻庶其，故云“礼之以君之姑姊”也。

D、又《礼记·三年问》：“然则何以三年也？曰：‘加隆焉耳也。焉使倍之，故再期也。’”《陈氏集说》云：“‘焉’，语辞，犹‘所以’也。”《淮南子》：“天子焉始乘舟。”注云：“‘焉’，犹‘於’也。”愚案：此 二“焉”字，并发语辞。如《楚辞·九章》：“顺风波而流从兮，焉洋洋而为客。”《远游篇》：“质菲薄而无回兮，焉托乘而上游。”皆发语辞也。

刘氏辨析，不便全引。仅上列四项，就有“焉”训“是”，训“於”，训“之”，及发语辞等用法。

清代王引之（公元1766—1834年）释“焉”字，洋洋三千余言。在颜之推音义、刘淇辨析的基础上，进一步释义：

“焉”，状事之词也，与“然”同义。若《诗·小弁》曰“惄（nì）焉如捣”，《书·秦誓》曰“其心休休焉”之类是也。亦常语。

“焉”，比事之词也，亦与“然”同义。若《大学》引《秦誓》曰：“其如有容焉”之类是也。亦常语。

接着释“焉”犹“乎”，犹“也”，犹“於是”、“乃”、“则”等。王氏明确指出：“后人读周、秦之书，但知‘焉’为句绝之词，而不知其更有他义，於是或破其句，或倒其文，而《礼记》、《国语》、《公羊》、《老子》、《楚辞》、《山海经》诸书，皆不可读矣。”①他关于

---

① 王引之：《经传释词》第49、96—100页，中华书局1956年。

"焉"字读音的意见是:"'安''於'一声之转,则助词之'焉',亦可读'於愆反',不必训'何'、训'安'而后读'於愆反'也。或读'矣愆反'者,方俗语有轻重,而义则无分也。今仍从古读。"王引之的意见有道理。

刘淇辨析"也"字,考察就比较全面。他说:

> 也,《广韵》云:"语助,辞之终也。"愚案:《诗·国风》:"何其处也,必有以也。"此"也"字在句末,辞之终也。"其后也悔,其啸也歌。"此"也"字在句中,但为助句而已。
>
> 又《论语》:"回也","赐也",此语助用之称谓者也。
>
> 又《论语》:"赤之适齐也","吾闻之也",此"也"字,语之顿挫,与语已辞别。(刘淇《助字辨略》第 165 页)

刘淇不仅注意到语末语助"也",还注意到句中语助"也",以及在同一位置上的不同用法。到王引之更考察了"也"同"焉"、同"矣"、同"者"、同"耳"、同"兮"、同"邪""欤""乎"等等一样的用法,例句颇丰。王氏指出:

> 《玉篇》曰:"'也',所以穷上成文也。"《颜氏家训·书证》篇曰:"'也',语已及助句之辞。"有结上文者:若《论语》"亦不可行也"之属是也。有起下文者:若"夫子至於是邦也"之属是也。有在句中助语者:若"其为人也孝弟"之属是也。此皆常语。

王氏释"也"犹"焉",引例 3 条;释"也"犹"矣",引例 13 条;释"也"犹"者",引例 9 条;释"也"犹"耳",引例 4 条;释"也"犹"兮"引例 11 条;释"也"犹"邪"、"欤"、"乎",引例 50 余条。①

---

① 王引之:《经传释词》第 49、96—100 页,中华书局 1956 年。

原来，句末语助辞之间是有相通之处的。这更使人想到袁仁林说的，“语已之辞，不过随语带其声以见意”，“语意藉是声气以圆成，而非此声气之中，即具有语意也”。这结论是多么精辟！

关于句末语助“兮”。北朝齐梁人刘勰（公元约456—约532年）早就论及。他说：

> 又《诗》人以“兮”字入于句限，《楚辞》用之，字出句外。寻“兮”字成句，乃语助余声。（刘勰《文心雕龙·章句》）

元代卢以纬则指出：

> 兮，有在句中者，有在句末者，皆咏歌之助声。（卢以纬著、王克仲集注《助语辞集注》第134页）

清代刘淇也只是说：

> 兮，《广韵》云：“语助。”愚案：歌之余声。（刘淇《助字辨略》第57页）

上述南北朝、元代、清代三家都注意到“兮”为诗歌之语助，刘勰、刘淇仅论及句末语助，卢以纬还注意到句中用法。例如：

> (73)《礼记·大学》：“《秦誓》曰：‘若有一个臣，断断兮无他技，其心休休焉，其如有容焉。’”①（孔颖达《礼记正义》）

---

① 《尚书·秦誓》原文为：“如有一介臣，断断猗无他伎，其心休休焉，其如有容。”孔颖达疏：“一介”，谓一心耿介。“断断”，守善之貌。“休休”，好善之意。如有束带修节，一心耿介，断断然守善猗然专一之臣，虽复无他技艺，休休焉好乐善道，其心行如是，则能有所含容。言得此人，将任用之。“猗”者，足句之辞，不为义也。《礼记·大学》引此作“断断兮”。“猗”是“兮”之类。（孔颖达《尚书正义》第144页，《十三经注疏》上册第256页，中华书局1980年。

(74)《楚辞·九歌·少司命》:“秋兰兮麋芜,罗生兮堂下。绿叶兮素华,芳菲菲兮袭予。”(屈原《九歌》)

(75)《史记·高祖本纪》:“大风起兮云飞扬,威加海内兮归故乡,安得猛士兮守四方。”

例(73)句中语助“兮”用于散文句式。孔颖达注意到“兮”犹“猗”。例(74)、(75)句中语助“兮”用于诗歌句式。

清代王引之释“‘也’犹‘兮’也”,引例有:

(76)《诗·日月》曰:“乃如之人兮”,《蝃蝀(dìdòng)》曰:

“乃如之人也”。《君子偕老》曰:“邦之媛也”,《羔裘》[1]曰:“邦之彦兮”。文义并同。(《经传释词》第97页)

(77)《鸤鸠》曰:“其仪一兮,心如结兮。”《礼记·缁衣》引作“其仪一也”,《淮南·诠言》篇引作“其仪一也,心如结也”。《旄邱》曰:“何其处也”,《韩诗外传》引作“何其处兮”。《君子偕老》曰:“玉之填也”,《说文》引作“玉之填兮”。是也。(同上,第97—98页)

例(76)是引同书之例为证,例(77)是引异书的同一例为证。书据确凿,有很强的说服力。

3. 节律

节律,即“节奏”、“声律”。节律是指句子结构中的节拍和韵律。节律在韵文中具有重要作用,是韵文最基本的要素。《尚书·舜典》就说到:

---

① 此为《诗·郑风·羔裘》,非《诗·唐风·羔裘》。

诗言志，歌永言，声依永，律和声。①

我们知道，中国最早的一部诗歌总集《诗经》，三百零五篇都是有乐调的。风是各地风土之音，雅是朝廷之音，颂是宗庙之音。《诗经》的句式虽有从二言到八言的变化，可还是以四言为主。如《关雎》首章：

关关／雎(jū)鸠，在河／之洲；

窈窕／淑女，君子／好逑。

按句意来说，它们是两个句子。由于比兴的关系，两句紧密相连，因而合为一句。句中的大停顿、小停顿，有语意方面的要求，也有节律方面的要求，还有整齐的诗的节拍。

就古代诗歌来说，四言诗是每小句两个节拍，五言诗是每小句三个节拍，七言诗是每小句四个节拍。这是古代诗歌句子的基本形式，不容违反。在传统的律诗中，节奏还表现在声调体现的平仄的交替变化格式上。这种平仄变化的基本形式是"平平仄仄，仄仄平平"。由于本句抑扬相间，而上下句抑扬相反，从而形成鲜明的节奏。长短句也只是这种基本形式的变体。

清代章学诚在《文史通义》中说：

律诗当知平仄，古诗宜知音节。顾平仄显而易知，音节隐而难察，能熟读古诗，当自得之。执古诗而定人之音节，则音节变化，殊非一成之诗所能限也。(章学诚《文史通义·文理》)

① 孔颖达等：《尚书正义》第19页，《十三经注疏》上册第131页，中华书局1980年。

章学诚注意到，古诗、律诗相对来说，古诗更突出节拍，律诗则突出平仄。节拍现代学者也称之为“音步”，它的确不像平仄那么明显而容易把握。

《古诗十九首》作为五言诗的代表，其诗句的节拍形式就有：

A：1. 孟冬／寒气／至

2. 客行／虽云／乐

3. 三五／明月／满

4. 结根／泰山／阿

5. 照我／罗床／帏

B：1. 浮云／蔽／白日

2. 四时／更／变化

3. 道路／阻／且长

4. 无为／守／贫贱

5. 出户／独／彷徨

C：1. 多／为药／所误

2. 缘／以结／不解

虽说五言诗每节三个节拍，其每句的句式、分节却颇不相同。上面的举例，就五言诗的节拍形式来说，已包揽无遗，可句子的内部结构形式却远没有穷尽。上述三类节拍形式，以A、B两类形式为主，C类例句往往也读成B类的形式。

我国律诗讲究平仄，其代表格式为：

A、(平起)仄起式

(平平)仄仄仄平平，(仄仄)平平仄仄平。

(仄仄)平平平仄仄，(平平)仄仄仄平平。

(平平)仄仄平平仄,(仄仄)平平仄仄平。

(仄仄)平平平仄仄,(平平)仄仄仄平平。

B、(仄起)平起式

(仄仄)平平仄仄平,(平平)仄仄仄平平。

(平平)仄仄平平仄,(仄仄)平平仄仄平。

(仄仄)平平平仄仄,(平平)仄仄仄平平。

(平平)仄仄平平仄,(仄仄)平平仄仄平。①

“平”就是要用平声字,“仄”就是要用仄声字,即古代上、去、入三声的字。A式就五言律诗来说是“仄起式”,加上句首括弧里的两个平声字,就是七言律诗的“平起式”。B式为五言律诗的“平起式”,加上句首括弧里的两个仄声字,就成了七言律诗的“仄起式”。当然,这中间还有其他一些要求和变化,如:对仗,黏与拗,“一三五不论”,首句入韵不入韵等,因跟句子形式关系不大,这里就不作介绍了。

古诗中还有绝句,可看作是五律、七律的变体。清代施补华在《岘佣说诗》中论及:

> 绝句,盖截律诗之半:或截首尾两联,或截前半首,或截中二联而成。②

这样,变化就比较多了。可基本要求还是本句抑扬相间,上下句抑扬相反。排律则是律诗的扩展,即是十句以上的律诗。

用韵,是古代诗文都比较讲究的,诗歌更为突出,几乎是构句的必不可少的条件。押韵,也叫“协韵”、“叶韵”、“合辙”,

---

① 参王力《汉语诗律学》第72—73页,上海教育出版社1962年。

② 施补华:《岘佣说诗》,引文转引自王力《汉语诗律学》第34页,上海教育出版社1962年。

是指使诗句末尾音节的韵母相同或相近，以造成语言的旋律美。唐代伟大诗人白居易(公元772—846年)说：

音有韵，义有类。韵协则言顺，言顺则声易入；类举则情见，情见则感易交。(《白氏长庆集·与元九书》)

什么是韵？刘勰在《文心雕龙·声律》中说：

异声相从谓之和，同声相应谓之韵。韵气一定，故余声易遣；和体抑扬，故遗响难契。属笔易巧，选和至难；缀文难精，而作韵甚易。

押韵是指在作诗、词、歌、赋等韵文时，句末或一联之末用韵母相同或相近的字。所谓韵母的相同或相近，包括韵头不同而韵腹(主要元音)和韵尾(如果有韵尾的话)相同的字，如 ɑ、iɑ、uɑ 韵的字都可以相押。押韵的目的是为了语音的和谐，同类的乐音有规律地重复出现，就构成声音的回环美。正因为诗句句末或联末押韵已成为不可动摇的规律，所以，元代程端礼在“句读例”中才特别归纳一条：“凡诗铭韵语，以韵为句，未至韵皆为读。”[①]可见，“韵”是句读分析的标志之一。

可是，用韵并非诗人专利，古人在散文写作中也多用韵。清代顾炎武说：

古人之文化工也，自然而合于音，则虽无韵之文而往往有韵；苟其不然，则虽有韵之文而时亦不用韵，终不以韵而害意也。[②]

① 程端礼：《程氏家塾读书分年日程》卷二第24页，《四部丛刊》(49)，上海书店1984年。参本书第二章§3。

② 顾炎武：《日知录》，引文转引自张声怡、刘九洲编《中国古代写作理论》第343页，华中工学院出版社1985年。

俞樾也说："《周易》亦多用韵之文。"[1]散文的用韵与不用韵，没有形成规律，可落脚点还是古人行文讲究节律。正如清代刘大櫆所说："文章最要节奏，譬之管弦繁奏中，必有希声窈渺处。"[2]古人行文如此，古代学者在句读分析中注意节律，正是抓住了要点。

4. 省文

省文，是指在一定上下文中正常句式承前、蒙后省去某些语言成分。在一定的语言环境中省去不言自明的语言成分，这是古人行文的常见格式，目的是为了使文句简洁。句读分析注意省文，是句子结构分析不可缺少的部分，是准确理解句意的必要手段。

早在东汉郑玄作《礼记注》时就注意到省文现象。例如：

(78)《礼记·中庸》："郊社之礼，所以事上帝也。宗庙之礼，所以祀乎其先也。"郑注："'社'，祭地神。不言'后土'者，省文。"（汉郑玄注、唐孔颖达疏《礼记正义》第101页）

例(80)中"郊社"即祭天地。周代冬至祭天称"郊"，夏至祭地称"社"。郑玄说该句当为："郊社之礼，所以事上帝后土也。"原文无"后土"，所以称之为"省文"。

与郑玄同时，何休撰《春秋公羊解诂》，伸《公羊》而驳《左传》、《谷梁》。这里我们引其一例：

---

① 俞樾：《古书疑义举例》第22页，引例见《古书疑义举例五种》中华书局1956年。

② 刘大櫆：《论文偶记》，引文出处同102页注②。

(79)《春秋·宣公元年》:“公子遂如齐逆女。三月,遂以夫人妇姜至自齐。”《公羊传》云:“遂”何以不称“公子”?一事而再见者,卒名也。何休解诂:“卒”,竟也。竟俱举名者,省文。(汉何休解诂、唐徐彦疏《春秋公羊传注疏》第83页)

公羊称“一事而再见者,卒名”,即今之承前省头衔。人称何休解诂多发明微言大义。此处何休解“省文”,又省去多少微言大义者的臆说。

(80)《左传·昭公二年》:“山木如市,弗加於山;鱼盐蜃蛤,弗加於海。”杜预注:贾(gǔ)“如”在山,海不加,贵。孔疏:正义曰:“如”,训往也,言将山木往至市也。於“木”既云“如市”,“鱼盐蜃蛤”亦“如市”可知。蒙上文也。(晋杜预集解、唐孔颖达疏《春秋左传正义》第329页)

杜预、孔颖达都注意到“如(市)”上句出现,下句不出现。孔氏明言“蒙上文”省。又如:

(81)《左传·庄公三十二年》:“国之将兴,明神降之,监其德也;将亡,神又降之,观其恶也。故有得神以兴,亦有以亡。”孔疏:……以为得神以兴则虞舜,得神以亡者又安在也。(同上,第81页)

“亦有以亡”,即“亦有得神以亡”。“得神”,承前省。同样,“将亡”,即“国之将亡”,承前省。

(82)《史记·天官书》:“西宫咸池。曰:天五潢。五潢,五帝车名。火入旱,金兵,水水。中有三柱。柱,不具起兵。”《正义》:……火入天下旱,金入兵,水入水也。《索隐》:谓火、金、水入五潢,则各致此灾也。(南朝宋裴骃集

解、唐司马贞索隐、张守节正义《史记》卷二七)

张守节、司马贞均注意到“金”、“水”后有“入”字,承前省。

(83)《左传·隐公元年》:“先王之制,大都不过参国之一;中,五之一;小,九之一。”孔疏:正义曰,定以王城方九里,依此数计之,则王城长五百四十雉。其大都方三里,长一百八十雉。中都方一里又二百四十步,长一百八雉也。小都方一里,长六十雉也。(晋杜预集解、唐孔颖达疏《春秋左传正义》第14页)

例中“参”即“三”。孔疏言明“中都”、“小都”均承前省“都”字。不仅如此,“五之一”、“九之一”也承前省。正常句氏当为“不过X国之一”。“国”即国都。孔疏中“雉”是古代计算城墙面积的单位,长三丈高一丈为一雉。

(84)《孟子·万章上》:“天之生此民也,使先知觉后知,使先觉觉后觉也。予,天民之先觉者也,予将以斯道觉斯民也,非予觉之而谁也。”赵岐注:“觉”,悟也。天欲使先知之人悟后知之人。我先悟觉者也,我欲以此仁义之道觉悟此未知之民。非我悟之,将谁教之。孙疏:……如非我觉悟之,而谁能也。(汉赵岐注、宋孙奭疏《孟子注疏》第74页)

赵氏、孙氏都注意到引文末句“谁也”后有省文。赵氏补为“谁教之”,孙氏补为“谁能也”。若依本句当为“非予觉之而谁觉之”。如此,语意虽明,而语势则板结而成赘疣了。

(85)《论语·述而》:“盖有不知而作之者,我无是也。多闻,择其善者而从之,多见而识之。”邢疏:“言人若多闻择善而从之,多见择善而志之,能如此者,比天生知之可

以为次也。”（三国魏何晏集解、宋邢昺疏《论语注疏》第27页）

例（85）邢疏仅给句子添上省文“择善”（择其善者）两字，宋代车若水解此句则说：“我只是学而知之，多闻择其善者而从之，多见择其善者而识之，所以能有所得。……‘多见而识之’，不复又下‘择其善者’四字，自是作文之法。”（《脚气集》第8页）这里提出了“省文”是“作文之法”，即是一种规律。

（86）《礼记·檀弓下》：“齐大饥，黔敖为食於路，以待饿者而食之。有饿者，蒙袂辑履，贸贸然来。黔敖左奉食，右执饮，曰：‘嗟！来食！’扬其目而视之，曰：‘予唯不食嗟来之食，以至於斯也。’从而谢焉，终不食而死。曾子闻之，曰：“微与！其嗟也，可去；其谢也，可食。”（孔颖达《礼记正义》第86页）

宋代洪巽（xùn）说此例：“且以文意言之，‘扬其目而视之’，‘终不食而死’，其上皆当有‘饿者’二字。‘从而谢焉’，其上当有‘黔敖’二字，《檀弓》省字如此。”（《旸谷漫录》[说郛]卷七十三第7页）按现代语法学的说法，这三句是主语承前省。又如清代俞樾（公元1821—1907年）在《古书疑义举例》中论及的一例：

（87）《定四年·左传》：“楚人为食，吴人及之。奔，食而从之。”此文“奔”字，一字为句，言楚人奔也。“食而从之”，四字为句，言吴人食楚人之食，食毕而遂从之也。“奔”上当有“楚人”字，“食而从之”上当有“吴人”字，蒙上而省也。（俞樾《古书疑义举例》第38页）

此例俞樾称之为“蒙上而省”，表述十分明确。

再看探下文而省的例：

(88)夫两文相承，蒙上而省，此行文之恒也。乃有逆探下文，而预省上字，此则为例更变，而古书亦往往有之。《尧典》："舜生三十徵庸，三十在位，五十载。"因下句有"载"字，而上二句皆不言"载"。（同上，第38—39页）

(89)《论语·卫灵公》："躬自厚而薄责於人，则远怨矣。"何晏集解：孔曰，责己厚，责人薄，所以远怨咎。邢疏：言凡事自责厚薄责於人，则所以远怨咎也。（三国魏何晏集解、宋邢昺疏《论语注疏》，第61页）

(90)《孟子·滕文公》："夏后氏五十而贡，殷人七十而助，周人百亩而彻。其实，皆什一也。"赵岐注：民耕五十亩贡上五亩，耕七十亩者以七亩助公，家耕百亩者彻取十亩以为赋，虽异名而多少同。故曰："皆什一也。"（汉赵岐注、宋孙奭等疏《孟子注疏》第38页）

(91)《诗·七月》篇："七月在野，八月在宇，九月在户，十月蟋蟀入我床下。"郑玄笺：自"七月在野"至"十月入我床下"，皆谓蟋蟀也。孔疏：蟋蟀之虫，六月居壁中，至七月，则在田野之中，八月在堂宇之下，九月则在室户之内，至於十月，则蟋蟀之虫入於我之床下。此皆将寒渐故。（孔颖达《毛诗正义》第123页）

例(88)俞氏引《尧典》，实为《尚书·虞书·舜典》。又句读当为："舜生三十，徵庸三十，在位五十载。""徵庸"即徵用，召试进用。例(89)何氏、邢氏都注意到"自厚"即"责己厚"、"自责厚"或"自厚责"，"责"字蒙下"薄责"省。例(90)赵氏已言明所省"亩"字。这是因下句有"亩"字，而上二句皆不言"亩"。例

(91)郑氏、孔氏都很清楚,前三句说“蟋蟀”而不言蟋蟀,因第四句出现“蟋蟀”两字。

(92)《礼记·玉藻》:“君羔辟虎犆(zhí),大夫齐车,鹿辟豹犆,朝车,士齐车,鹿辟豹犆。”郑玄注:臣之朝车与齐车同饰。孔疏:此一节论君及大夫、士等齐车、朝车所饰之物尊卑不同。(汉郑玄注、唐孔颖达疏《礼记正义》第247页)

引文中“辟”,是古代挂在车前横木上的帷席;“犆”指君车、齐车、朝车边缘的装饰。此例俞樾解:“此言人君羔辟虎犆之车,大夫以为齐车;人君鹿辟豹犆之车,大夫以为朝车也。‘鹿辟’上亦当有‘君’字,‘朝车’上亦当有‘大夫’字,蒙上而省也。下云‘士齐车,鹿辟豹犆’,则自言士制,不蒙此文。郑误以‘大夫齐车’至‘士齐车,鹿辟豹犆’,为之说曰:‘臣之朝车与齐车同饰。’然则但曰‘大夫、士齐车、朝车鹿辟豹犆’,岂不简而易明乎?”[①]季按:此例为俞氏句读误而误断省文,或因误断省文而句读误。原句当为:“君,羔辟虎犆。大夫齐车,鹿辟豹犆。朝车,士齐车,鹿辟豹犆。”“君”下省“车”字,蒙后省。“朝车”上省“大夫”,承前省。郑氏不误。俞氏的“简而易明”说,有理;可君臣同车饰,不合常礼。

另有先序列后总称的句式,古代学者亦称之为“省文”。例如:

(93)《春秋·僖公五年》:“公及齐侯、宋公、陈侯、卫侯、郑伯、许男、曹伯,会王世子于首止。秋八月,诸侯盟

① 俞樾:《古书疑义举例》第38页,中华书局1956年。

于首止。”《公羊传》:“诸侯”何以不序？一事而再见者，前目而后凡也。何休解：省文。从可知间无事不省，诸侯会盟一事不举盟者，时世子不与盟。（汉何休解诂、唐徐彦疏《春秋公羊传注疏》第56页）

例中“首止”，《公羊传》《谷梁传》均作“首载”，地名。公羊言“前目而后凡”，孔颖达在《春秋左传正义》中疏：“言此诸侯还是上会之诸侯，故从省文，不复序也。”何休不仅点明“省文”，还说明“世子不与盟”，则“诸侯盟”正是行文的需要。此句《谷梁传》晋范宁集解云：“言‘诸侯’者，前目而后凡。他皆放此。”“放”即“仿”。“他皆仿此”进一步说明，“前目而后凡”是行文的一般规则。

(94)《春秋·襄公二十五年》:“公会晋侯、宋公、卫侯、郑伯、曹伯、莒(jǔ)子、邾子、滕子、薛伯、杞伯、小邾子于夷仪。……秋八月，已巳，诸侯同盟于重丘。”杜预注：夷仪之诸侯也。孔颖达疏：僖五年“公及齐侯”云，云“会王世子于首止。秋八月，诸侯盟于首止”。《公羊传》曰：“诸侯何以不序？一事而再见者，前目而后凡也。”是言前序后总，取省文之义。故此直言“诸侯”，犹是上夷仪之诸侯也。（晋杜预集解、唐孔颖达疏《春秋左传正义》第280页）

孔氏明确指出，“前目而后凡”，即“前序后总”。此为书面语的惯例。再如：

(95)《春秋·定公四年》:“三月，公会刘子、晋侯、宋公、蔡侯、卫侯、陈子、郑伯、许男、曹伯、莒(jǔ)子、邾子、顿子、胡子、滕子、薛伯、杞伯、小邾子、齐国夏于召陵，侵楚。……五月，公及诸侯盟于皋鼬。”杜预注：召陵会刘子，“诸侯”，总言之也。孔颖达疏：《书经》之例，诸侯先会而后盟，皆前目而后凡。此共盟者，还是前会之诸侯，前已历序，故於此总言之也。（同上，第431页）

“前目而后凡”，即前“历序”，后“总言”。省文之例屡见。

四　句读分析(二)——读的分析

关于读,第一章已讨论过它的定义和范围。读是“语未绝而点之以便颂咏”的单位。可是,“语未绝”是一个难以精确掌握的标准,古代学者在读的分析中也较为灵活,可他们还是给我们提供了许多有益的启示。归纳起来,大致为:语义结构的相对性,结构的和语义的类推性,辞语的呼应与连及等。

我们在第二章§3“宋元时期”介绍了程端礼的“二、六原则”,他关于读的六条原则是:(一)者也相应;(二)文意未断;(三)覆举上文;(四)上反言而下正;(五)上有呼下字;(六)下有承上字。这六条原则中,除第二条“文意未断”外,其余五条都是辞语呼应的问题。我们就先从文意断与未断来看古代学者对读的分析。

1.相对性

古代学者认识到,“语绝”和“语未绝”是相对的,而不是绝对的。即就一个具体的句读单位来说,不是在任何情况下都只是读,或只是句。因为,在一定的语言环境中,独字也可以成句。在甲环境中的读,在乙环境中可以是句;同样,在乙环境中的读,也可以在甲环境中为句。因此,相对性是指句读单位在一定的语言环境中有条件的暂时的有限的性质。

元代程端礼在“续补句读例”中列举了20条规则,其中许多条都注意到句读单位的相对性。“二、六原则”第一条就是“举其纲为句”。例如：

(1)大学之道，在明明德，在亲民，在止于至善。

(2)道千乘之国，敬事而信，节用而爱人，使民以时。……正义曰：此章论治大国之法也。……言为政教以治公侯之国者，举事必敬慎，与民必诚信，省节财用不奢侈，而爱养人民以为国本，作事使民必以其时，不妨夺农务，此其为政治国之要也。(宋邢昺疏《论语注疏》第1页)

例(1)“大学之道”一读为纲，下三读为目。例(2)“道”，治也。治国为纲，“敬事”、“节用”、“使民”三读为目。宋疏已说明这种纲目关系。其实，汉代马融注《论语》就注意到“‘道’谓为之政教”，后续句当为政教的具体内容。可在程端礼的20条规则中，又用几条来说明纲与目的关系，以辨明句读单位的相对性。如：

规则(3)纲在上而目在下者，纲为句，目为读，目尽为句。[①]

上面例(1)(2)纲目合为一句，也就是纲为读，目为读，目尽为句。规则(3)说“纲为句，目为读，目尽为句”，也就是纲目各自为句了。条件自然是，纲本身文意已断。例如：

(3)神也者，妙万物而为言者也。动万物者莫疾乎雷，挠万物者莫疾乎风，燥万物者莫熯(hàn)乎火，说万

---

① 为便于查阅，程端礼20条句读规则的序号，统一用第二章§3“宋元时期”中的编号。下同。

物者莫说乎泽，润万物者莫润乎水，终万物始万物者莫盛乎艮。……注：神则无物，“妙万物而为言”者，则雷疾、风行、火炎、水润，莫不自然相与为变化，故能万物自成也。疏：……“神也者”非物，“妙万物而为言”者，神既范围天地，故此之下不复别言乾坤，直举六子以明神之功用。(唐孔颖达《周易正义》第82页)

例(3)首句“神也者”为纲，纲为句。后续“雷”、“风”、“火”、“泽”、“水”、“艮”各目为读，目尽为句。此例晋人韩伯康注已明其纲目关系，唐孔颖达等只是作进一步说明。

规则(4)目在上而纲在下者，诸目皆读，目尽为句，纲独为句。或下是缴语、解语、意短急者，目尽为读。

规则(4)前句说的是跟规则(3)结构形式相反的句子，即规则(3)说的是先纲后目的复合句式，规则(4)说的是先目后纲的复合句式。规则(4)后句说的也是跟“二、六原则”(1)结构形式相反的句子，因为，原则(1)说的是先纲后目的简单句式，规则(4)后句说的是先目后纲的简单句式。之所以分开来说，是因为纲、目为句、为读都有其相对性。判断的标准就是文意断，还是未断。例如：

(4)昭晰者无疑，优游者有余；体不备不可以为成人，辞不足不可以为成文。愈之所闻者如是。(韩愈《答刷迟生书》)

(5)爱敬尽于事亲，而德教加于百姓，刑于四海，盖天子之孝也。注：君行博爱广敬之道，使人皆不慢恶其亲，则德教加被天下，当为四夷之所法则也。“盖”，犹略也。孝道广大，此略言之。(唐李隆基注、宋邢昺疏《孝经注

疏》第7页）

例（4）“无疑”、“有余”，“成人”、“成文”四目，从两个方面叙成文之道，四目皆读，目尽为句。四目的两个方面也可分为两句，又是一种相对性。“愈之所闻”是纲，独为句。例（5）“爱敬”、“德教”、“刑”三目为读，“盖”引一“意短急”缴语，不当独为句，是为与三读合为一句。

再看规则（5）和规则（6）：

规则（5）无纲之目，并为读，目尽为句。

规则（6）无纲之目，每目自有抑扬及自解者，解尽为读，目尽为句。

规则（5）、（6）说的都是“无纲之目”，即现代语法学说的并列句式。各目为读，是因为单独的目语意未断，合起来才说完一个意思，是为句。若目自有评说和解释，目在语义上就有了相对的独立性，评说和解释为读，“目尽为句”也就很有必要了。例如：

（6）雷以动之，风以散之，雨以润之，日以烜（xuān）之。艮以止之，兑以说之，乾以君之，坤以藏之。疏：正义曰：此一节总明八卦养物之功。“烜”，乾也。上四举象下四举卦者，王肃云：互相备也。明风雷与震巽同用乾坤，与天地通功也。（唐孔颖达《周易正义》第82页）

（7）在上不骄，高而不危。制节谨度，满而不溢。高而不危，所以长守贵也。满而不溢，所以长守富也。注：诸侯列国之君贵在人上，可谓高矣，而能不骄，则免危也。（唐李隆基注、宋邢昺疏《孝经注疏》第9页）

例（6）先举“雷”、“风”、“雨”、“日”四种自然现象，当为“无纲之目”，并为读，目尽为句；再列“艮”、“兑”、“乾”、“坤”四卦，亦为“无纲之目”，并为读，目尽为句。例(7)为“无纲之目”，它们之间是连贯关系。可每目自有解说：“不骄”是因，“不危”是果；“制节”是因，“不溢”是果；“高而不危”是因，“长守贵”是果；“满而不溢”是因，“长守富”是果。因而，“目尽”就该是句了。

规则(7)有纲之目，每目自有抑扬及自解者，解尽为读，目尽为句。

规则(7)说的是跟规则(6)同样的情况，区别只在于“有纲”、“无纲”。还需补充一点，即规则(7)的纲是独立成句的。否则，“解尽为读，目尽为句”就会不符合原意。因为，纲不独立成句，就只能跟第一个目成句，这就管不到后面的目了。这又是一种相对性。目独立成句，纲必然为句。例如：

(8)先君之所以不与子国而与弟者，凡为季子故也。将从先君之命与，则国宜之季子者也。如不从先君之命与，则我宜立者也。(汉何休解诂、唐徐彦疏《春秋公羊传注疏》第119页)

(9)旧有丰有省，不知所从。从其丰，则寡君弱，是以不共。从其省，则吉在此矣。唯大夫图之，晋人不能诘。(晋杜预集解、唐孔颖达疏《春秋左传正义》第423页)

例(8)“先君”之命为纲，从命、不从命为两目。纲有自解，为句。两目各有自解，目尽亦为句。例(9)“丰”、“省”“不知所从”，为纲，成句。“从其丰”“从其省”两目，各有自解，目尽为句。此与例(8)同。末句“唯大夫图之”再作归结，亦有自解，是为句。

(10)强本而节用则天不能贫，养备而动时则天不能

病，循道而不贰则天不能祸。故水旱不能使之饥，寒暑不能使之疾，祆(xiān)怪不能使之凶。(《荀子·天论》)

例(10)为两组"无纲之目"。"强本"、"养备"、"循道"三目各自为读，目尽为句。"故"后又有"水旱"、"寒暑"、"祆怪"三目，各自为读。两组之间有因果关系，前组、后组每目话题与说明自有因果关系。前组第一目的"贫"跟后组第一目的"饥"、前组第二目的"病"跟后组第二目的"疾"、前组第三目的"祸"跟后组第三目的"凶"语义间均有因果关系。这是句读结构更为复杂的情况了。

2.类比性

类比性，也称"类比推理"。类比性是根据两个或两类句读单位在某些属性上都相同，进而推出它们在其他方面也有相同或相似的属性。就句读单位来说，属性所指主要是句读单位在一定的语言环境中等级相同，结构关系相同，语义关系相似。在句读分析中，类比可以是本句的平行比较，也可以是他句的平行比较，还可以跟他书的句读单位作平行比较。目的是在于弄清句子的结构形式和语义关系。

宋代洪迈(公元1123—1202年)在《容斋随笔》中说：

作文旨意句法，固有规仿前人，而音节锵亮不嫌于同者。如《前汉书·赞》云："竖牛奔仲，叔孙卒；郈伯毁季，昭公逐；费忌纳女，楚建走；宰嚭(pǐ)谮(zèn)胥，夫差丧；李园进妹，春申毙；上官诉屈，怀王执；赵高败斯，二世缢；伊戾坎盟，宋痤死；江冲造蛊，太子杀；息夫作奸，东平诛。"

《新唐书》效之云："三宰啸凶，牝(pìn)夺辰；林甫将蕃，黄屋奔；鬼质败谋，兴元蹙；崔柳倒持，李宗覆。"(洪迈《容斋随笔》四笔卷九第6页)

就七言形式来说，汉唐时代特别是唐代已十分流行。若就前四音节、后三音节形式来说，《新唐书》效仿颇为明显。可就"死活死，死活"用字形式来说，《新唐书》和《前汉书》并不完全相同。这是用类比来辨析句读形式。

清代段玉裁说到这样一种句子形式。他说：

《论语》："使乎使乎。"自来不得其解，当以"使乎使"三字为逗，下一"乎"字为咏叹之语助。曰：何也？曰：是《尚书》"孝乎惟孝"，《礼记·仲尼燕居》"礼乎礼"之句法也。……古人多有此句法。《公羊传》云："贱乎贱者也。"谓盗为贱中之贱者也。……圣人言"使乎使"，正此句法。下以"乎"字咏叹之，正与"贱乎贱者也"、"微乎微者也"文法一例。不可以上"使乎"逗，下"使乎"句。(段玉裁《经韵楼集》卷十二第65页)

段玉裁用诸典籍中的"孝乎惟孝"、"礼乎礼"、"贱乎贱"平行类比，证明"使乎使"为读，后面的"乎"字则是"咏叹之语助"。查《论语》，"使乎使乎"出现的语言环境是：

蘧(qù)伯玉使人於孔子。孔子与之坐而问焉，曰："夫子何为？"对曰："夫子欲寡其过而未能也。"使者出。子曰："使乎使乎！"(宋邢昺疏《论语注疏》第56页)

宋代邢昺疏此句说："子曰'使乎使乎'者，孔子善其使得其人，故言'使乎'。所以善之者，颜回尚未能无过，况伯玉乎。而使者云'未能'，是伯玉之心不见欺也。""使乎使乎"意思为，真是使者中的良使啊。段玉裁说"'使乎使'三字为逗"符合原文语意。若依现代一般的断句,作"使乎！使乎!"似跟原文语意有出入。

再看下面例句的分析:

(11)《墨子》:"昔者三苗大乱,天命殛之,日妖宵出,雨血三朝。龙生庙,大哭乎市。"念孙案:"龙生庙"当作"龙生於庙",方和上下句法。《太平御览·礼仪部》十引此正作"龙生於庙"。下文"鬼呼国","呼"下亦当有"於"字,方合上下句法。"大哭乎市",文义不明,"大"当为"犬"。"犬哭乎市"与"龙生庙"对文。(王念孙《读书杂志·墨子第二》)

这里的句内类比、上下文类比用得很有成效。论者先从上下文四字读推论出"龙生庙"当为四字读;而跟"龙生庙"相对的句子是"大哭乎市",从而断定脱漏的是"於"字,该句当为"龙生於庙";再从"大哭"跟"龙生"不属同类的句读单位,断定"大"为"犬",因字形相近而误,最后得出"犬哭乎市"与"龙生於庙"对文的结论。环环紧扣,令人叹服。又如:

(12)《荀子》:"名声日闻,天下愿,令行禁止,王者之事毕矣。"念孙案:"名声日闻",本无"闻"字,"日"本作"白"。"名声白"者,"白",明也,显也,谓名声显著於天下也。《致士篇》曰:"贵名白,天下愿,令行禁止,王者之事毕矣。"文正与此同。"贵名白"即"名声白"也。《乐论篇》曰:"名声於是白,光辉於是大。"《尧问篇》曰:"名声不白,徒与不众,光辉不大。"皆其证也。"名声白,天下愿",二句相对为文。若于上句内加一字,则句法参差矣。此因

“白”字伪作“日”，后人不得其解，故於“日”下加“闻”字耳。（王念孙《读书杂志·荀子第三》）

(13)《荀子》：“之所以接下之人百姓者，则好取侵夺。”宋，钱本无“取”字，卢从吕本。念孙案：“取”与“侵夺”，意复且不词，作“好侵夺”者是也。上文云：“之所以接下之人百姓者，则庸宽惠。”句法正与此同。（王念孙《读书杂志》十一）

例(12)是上下读类比。此为“目在上而纲在下”的句式，三个目原为四字读、三字读、四字读式，“句法参差”，不合常式，从而推断第一个四字读为三字读。例(13)是上下句类比。前面有同样句式中的“则庸宽惠”，后句作“则好侵夺”，顺理成章，毋庸置疑。再加上“取”跟“侵夺”语意重复，又有“钱本无‘取’字”为证，这就成铁案了。

3.呼应与连及

呼应，指句读结构中的前呼后应，即读与读之间的相互联系或照应。连及，又称“连类而及”，则指句读结构同类成分中共用某个成分的表达格式。

我们先看古代学者分析呼应的情况。程端礼在“二、六原则”中就颇为注意呼应。例如：

原则(3)“‘者’、‘也’相应”为读。

我们看下面的例子：

(14)大学者，大人之学也。

(15)农、商、官三者，国之常官也。（《商君书·去强》）

(16)陈胜者，阳城人也。(《史记·陈涉世家》)

(17)童寄者，郴州荛(ráo)牧儿也。(《柳河东全集·童区寄传》)

(18)攻而必取者，攻其所不守也。(《孙子·虚实篇》)

(19)此五者，邦之蠹也。(《韩非子·五蠹》)

例(14)至(19)均为："X者"一读，"Y也"一读，合起来为句。

程端礼"二、六原则"中的"上有呼下字"、"下有承上字"、"上反言而下正"、"覆举上文"等原则，都注意到句中呼应情况下的读。下面是程端礼自己列举的例句：

(20)《中庸》何为而作也，子思子忧道学之失其传而作也。

(21)德者，本也；财者，末也。

(22)不亲其亲，不长其长，则所厚者薄，而无以及人之亲长。

(23)曰："然。则此篇所谓'在明明德，在亲民，在止於至善'者，亦可得而闻其说之详乎？"

例(20)"何为而作……而作"，是"上有呼下字"，各自为读，合而为句。例(21)"本也……末也"，是下"末"字承上"本"字，各自为读，合而为句。此句"X者Y也"之间，可读可不读，读开有强调的作用。这又是一种相对性。例(22)上反言下正说，中间为读；上反言两读，下正说两读，合为句。例(23)单引号内为"覆举上文"，是为读。

规则(8)上段正下段反，或上段反下段正，短者可为读。若是长段反正，有"然"字转者，及有大转语辞者，当为句。

规则(8)是“二、六原则”(6)“上反言而下正为读”的扩充。例如：

(24)孤不度德量力，欲信大义于天下，而智术浅短，遂用猖獗，至于今日，然志犹未已。(《三国志·蜀志·诸葛亮传》)

(25)七十者衣帛食肉，黎民不饥不寒，然而不王者，未之有也。(《孟子·梁惠王上》)

(26)夫婴儿相与戏也，以尘为饭，以涂为羹，以木为胾(zī)。然至日晚必归饷(xiǎng)者，尘饭涂羹可以戏而不可食也。(《韩非子·外储说左上》)

(27)我不能早用子，今急而求子，是寡人之过也。然郑亡，子亦有不利焉。(《左传·僖公三十年》)

例(24)至例(27)为古之“正反句”，即现代语法学的转折句。正反可在句内，也可以在句外。例(24)前正后反，正五读，反仅一读，当合为一句。例(25)“黎民”为正，“不王”为反，各二读，都属“短者”，均为读，合为句。例(26)“婴儿”戏四读，合为句；“晚必归”两读，合为句。此为“长段反正”。例(27)“不能早用子”三读合为句；“郑亡”两读合为句。此两句语义独立性更强。这里还说明，呼应在句读关系中也具有相对性。

规则(9)引用他书、他人语，上有“所谓”字，下有“者”字，急缴归主意者，所引句下“者”字为读，缴语尽为句。

规则(9)说引文“所谓……者”格式的读，这是原则(5)“覆举上文为读”的延伸。略举数例如下：

(28)所谓西伯善养老者，制其田里，教之树畜，导其

妻子，使养其老。（汉赵岐注、宋孙奭疏《孟子注疏》第104页）

(29)所谓齐其家在修其身者，人之其所亲爱而辟焉，之其所贱恶而辟焉，之其所畏敬而辟焉，之其所哀矜而辟焉，之其所敖惰而辟焉。（唐孔颖达《礼记正义》第446页）

(30)所谓平天下在治其国者，上老老而民兴孝，上长长而民兴弟，上恤孤而民不倍，是故君子有絜(xié)矩之道也。（同上）

(31)所谓“臣义而行不待命”者，其此之谓也。今日我死，楚可入也。……疏：正义曰：臣见义则行，不待君命，古有此言，故云“其此之谓也”。今日我致死而战，楚可入也。（晋杜预集解、唐孔颖达疏《春秋左传正义》第434页）

例(28)至(31)“所谓……者”均为读，后续“缴语”是具体地作解释的语句，缴语完了才是句。

呼应，有读与读之间的呼应，有句与句之间的呼应。就句读分析来说，辨别读与读之间的呼应是打基础的工作，若“读”本身文意可断，才能考虑为句。

句读结构中的连及格式，古代学者早就注意到了。例如：

(32)《左传・桓公元年》：“宋华督见孔父之妻于路，目逆而送之。曰：‘美而艳。’”孔疏：“未至则‘目逆’，既过则‘目送’，俱是‘目’也，故以‘目’冠之。”（晋杜预集解、唐孔颖达疏《春秋左传正义》第38页）

例(32)按句读分述格式、共用格式，当有如下几种：

A、目逆而送之

B、目逆而目送之

C、目逆之而目送之

C为分述式,B式共用“之”,A式共用“目”和“之”。所以,孔颖达说:“俱是‘目’也,故以‘目’冠之。”

还有一种“从一而省文”的形式,也是唐代学者孔颖达提出来的。这足见古代学者从“连及”研究句读结构关系的细密。例如:

(33)《左传·襄公二年》:“齐侯伐莱,莱人使正舆子赂夙沙卫,以索马牛皆百匹,齐师乃还。”孔疏:“《司马法》‘丘出马一匹,牛三头。’则牛当称‘头’,而亦云‘匹’者,因马而名牛曰‘匹’,并言之耳。经传之文,此类多矣。《易·系辞》云:‘润物以风雨’①,《论语》云:‘沽酒市脯不食’,《玉藻》云:‘大夫不得造车马’,皆从一而省文也。”(晋杜预集解、唐孔颖达疏《春秋左传正义》第227页)

宋代学者邢昺对此做出解释。他说:

(34)《论语·乡党》:“沽酒市脯不食。”疏:“酒”当言饮,而亦云“不食”者,因“脯”而并言之耳。经传之文,此类多矣。《易·系辞》云“润之以风雨”,《左传》曰“马牛皆百匹”,《玉藻》云“大夫不得造车马”,皆从一而省文也。(三国魏何晏集解、宋邢昺疏《论语注疏》第39页)

古代学者注意到,按通常句读结构关系,言“食脯”,不言“食

① 原文为:“鼓之以雷霆,润之以风雨。”引文见孔颖达《周易正义》第64页,《十三经注疏》上册第76页,中华书局1980年。

酒";"雨"言"润","风"不言"润";"马"言"匹","牛"不言"匹";"车"可"造","马"不可"造"。孔颖达说这是"从一而省",邢昺也说这是"从一而省文"。

清代俞樾在《古书疑义举例》中讨论这些例时,解说又进了一层。他说:"此亦古人行文不嫌疏略之证。使后人为之,必一一为之辞,曰:'以索马百匹,索牛百头。'曰:'沽酒不饮,市脯不食。'此文之所以日繁也。"①

清代顾广圻《示儿编校补》载:

(35)文弨案:"'润之以风雨',因'风'兼'雨';'禹稷耕稼而有天下'②,因'禹'兼'稷'。"元照案:"《大戴礼》'见才色修声不视','声'亦可言'见',言'视',亦此类也。"③

(36)禹稷当平世,三过其门而不入,孔子贤之。颜子当乱世,居于陋巷,一箪食,一瓢饮,人不堪其忧,颜子不改其乐,孔子贤之。孟子曰:禹稷颜回同道。禹思天下有溺者,由己溺之也;稷思天下有饥者,由己饥之也,是以如是其急也。禹稷颜子,易地皆然也。(《孟子·离娄下》第67页)

例(35)《论语》"禹稷躬稼而有天下"句,按马融解:禹治水有

① 俞樾:《古书疑义举例》第25页,引例见《古书疑义举例五种》中华书局1956年。

② 原文为:"'禹稷躬稼而有天下。'马曰:'禹尽力于沟洫,稷播百谷,故曰'躬稼'。禹及其身,稷及后世,皆王。"见邢昺《论语注疏》第54页,《十三经注疏》下册第2510页,中华书局1980年。

③ 顾广圻:《示儿编校补》,引文转引自郑奠、麦梅翘编《古汉语语法学资料汇编》第264页,中华书局1964年。

功，被舜帝选为继承人；稷播种百谷，被后世尊为五谷之神，“有天下”均是实指。《大戴礼》“见才色修声不视”句，“才色修”可见可视，“声”不可见不可视。例(35)“耕稼”的是稷不是禹，因稷而连及禹。例(36)“三过其门而不入”的是禹不是稷，因禹而连及稷。

清代阎若璩又列举了另一类型的例。如：

> (37)古人之文，多连类而及之，因其一并及其一，《禹贡》亦然。“江汉朝宗於海”，汉入江，江方入海。因江入海，汉亦同之。“伊洛瀍涧既入於河”[①]，伊瀍涧悉入洛，洛方入河。因洛入河，并及伊瀍涧。皆连类之文。（阎若璩《尚书古文疏证》六）

例(37)引例，实际情况是：汉水流入长江，长江流入大海，现共用“朝宗于海”；伊水、水、涧水流入洛河，洛河流入黄河，现共用“既入于河”。古代学者称这种结构形式为“连类而及”。

① 原文为：“‘江汉朝宗于海。’《毛传》云：‘水犹有所朝宗，朝宗是假人事而言水也。’”“‘伊洛瀍涧既入于河。’孔疏：‘伊瀍涧三水入洛，合流而入河。言其不复为害也。’”均见孔颖达《尚书正义》第37页，《十三经注疏》上册第149页，中华书局1980年。

五　句读分析(三)——字的分析

古代学者的句读分析有其坚实的哲学基础，其中最突出的就是汉代即列为五经之首的《周易》哲学。《易》把千变万化的事物抽象概括为阴、阳一对基本原则，认为阴、阳二气交感是产生万物的本源。它在宗教迷信的外衣下，保留了丰富的朴素辩证法思想。被认为是《周易》通论的《系辞》，从“一阴一阳之谓道”出发，肯定自然界中阴阳、动静、刚柔等两种相反势力的“相摩”、“相荡”，是事物发展变化的普遍规律。在字的分析中，古代学者在不同时期从不同角度归纳为实字和虚字、死字与活字、动字和静字等对立的类型，较好地体现了古代朴素辩证法思想的具体运用，真实地反映出汉语字类的内在本质。

1. 实字和虚字

我国从宋代开始，学者已区分实字和虚字。宋代周辉在《清波杂志》中说：

> 东坡教诸子作文，或词多而意寡，或虚字多实字少，皆批谕之。(周辉《清波杂志》卷七)

北宋苏东坡(公元1037—1101年)注意到虚字、实字的运用，至今已近千年了。南宋张炎(公元1248—1314年)在《词源》中说：

> 词与诗不同：词之句语有二字、三字、四字，至六字、

七八字者，若堆迭实字，读且不通，况付之雪儿乎？合用虚字呼唤，单字如“正”、“但”、“甚”、“任”之类，两字如“莫是”、“还又”、“那堪”之类，三字如“更能消”、“最无端”、“又却是”之类。此等虚字，却要用之得其所，若能尽用虚字，句语自活，必不质实，观者无掩卷之诮。①

张炎论词，因词是长短句，句式比诗有了更大的灵活性，就更强调虚字的运用。其实，无论是诗还是词，虚字都必须“用之得其所”，否则免不了“掩卷之诮”。

古代汉语中实字、虚字绝不能简单地说成“即”或“相当于”现代的实词、虚词，因为，古代学者对语言文字运用中的虚、实问题，长期存在着两种不同的观点。

其一，是以有形体、无形体分虚实。明代无名氏在《对类》中明确指出：

盖字之有形体者为实，字之无形体者为虚，似有而无者为半虚，似无而有者为半实。②

就是说，实字所表达的对象是有形体可见的，虚字所表达的对象是无形体可见的。这个定义大致符合宋元明时代诗文用语中的情况。

宋代孙奕在《履斋示儿编·诗说》中谈到：

诗贵于的对，而病于偏枯。虽子美尚有此病。……

① 宋，张炎：《词源》第6页，《丛书集成新编》第81册第245页，新文丰出版公司印行。又郑奠、麦梅翘编《古汉语语法学资料汇编》第91页引文末句为：“此等虚字，却要用之得其所，若使尽用虚字，句语又俗，必不质实，恐不无掩卷之诮。”

② 明，佚名：《对类》，引文转引自郑奠、麦梅翘编《古汉语语法学资料汇编》第104页，中华书局1964年。

《龙门》曰："往还时屡改，川水日悠哉！"是以实对虚也。大手笔如老杜则可，然未免为白圭之玷，恐后学不可效尤。（孙奕《履斋示儿编》卷九）

引例《龙门》中的"往还"是虚字，是无形体者。"川水"是实字，是有形体者。用"川水"对"往还"，不成"的对"，变为"偏枯"。

宋代魏庆之在《诗人玉屑》中论及诗眼用实字（五言诗以第三字为眼，七言诗以第五字为眼），举例中诗眼用实字的如：

(1)夜潮人到郭，春雾鸟啼山。（张凡《赠薛鼎臣》）

(2)旅愁春入越，乡梦夜归秦。（白居易《避越地江楼望归》）

(3)古寺碑横草，阴廊画杂苔。（顾况《废寺》）

(4)雪夜书千卷，花时酒一瓢。（许浑《寄友人》）

(5)半夜腊因风卷去，五更春被角吹来。（曹松《除夜》）

(6)朝登剑阁云随马，夜渡巴江雨洗兵。（岑参《奉和相公发苔昌》）

上引诗句诗眼实字有："人"、"鸟"、"春"、"夜"、"碑"、"画"、"书"、"酒"、"风"、"角"、"云"、"雨"等。这些实字所表达的对象都是有形之物。魏庆之举"首用虚字"的诗句如：

(7)以吾为世旧，怜尔继家风。（李嘉佑《送张秀才》）

(8)到江吴地尽，隔岸越山高。（僧处默《吴越纪事》）

(9)似暖花消地，无声玉满堂。（李景《春雪》）

(10)载酒寻山宿，思人带雪过。（司空曙《赠李端》）

(11)无边落叶（通作"木"）萧萧下，不尽长江滚滚来。（杜甫《登高》）

(12)但将酩酊酬佳节，不用登临怨落晖。（杜牧《九日》）（例(1)至(12)均见魏庆之《诗人玉屑》卷三）

例(7)至(12)中“句首虚字”有：“以”、“怜”、“到”、“隔”、“似”、“无”、“载”、“思”、“不”、“但”等。这些虚字所表达的对象都是无形体可见的。当然，这些虚字也还有死字、活字和有实义、无实义的区别，留待后面再作讨论。

明代《对类》作者自己举的“实字”例有：

天　乾　空　穹（卷一，第1页）　桃　梅　棠　梨　柑　松　檀　杨　桑（卷四，第1页）　经　诗　爻　笺　文　词　书　章　史　易　礼（卷十五，第1页）

他列举的“虚字对”有：

长对短　盛对衰　大小对高低　古今对始终　否泰[①]对安危　数盘棋罢收成败，一幅书藏息是非（《对类》习对歌，第14页）

上引“虚字对”中除“棋”、“书”为有形体的实字外，其余诸字都当归于虚字。由此可见，诗中的实字、虚字，根据“有形体者”、“无形体者”的原则来区分，宋元明时代是相当明确的。

其二，是以有实义、“不为义”分虚实。早在唐代孔颖达（公元574—648年）疏“毛诗”时就注意到辞，并以“不为义”跟其他的字相区别。孔颖达说：

“之”、“兮”、“矣”、“也”之类，本取以为辞，虽在句中，

---

① “否(pǐ)泰”，本是《周易》的两个卦名，天地相交，通顺叫“泰”，天地不相交，不通顺叫“否”。成语有“否极泰来”。

不以为义，故处末者皆句上为韵。“之”者，“左右流之”，“寤寐求之”之类也；“兮”者，“其实七兮”，“迨其吉兮”之类也；“矣”者，“颜之厚矣”，“出自口矣”之类也；“也”者，“何其处也”，“必有与也”之类也；…… 此等皆字上为韵，不为义也。①

在古代汉语的分析中，字有虚字、实字之分，“辞”则专指虚字。可是，辞又不等于虚字。为什么？因为，辞可以是一个字，也可以由两个或两个以上的字组成。当然，就古代学者来说，他们对“虚字”、“辞”、“语辞”、“语助”这些概念，并没有严格的界定。从大多数学者使用的情况来看，“虚字”跟实字一样，是句读单位的概念，“辞”和“语辞”是语言文字运用的概念，尤指语气辞。“语助”则是指虚字或临时借用的字的构句作用。

虚字是“不为义”的字，这个定义一直影响到《马氏文通》和现代的一些语法著作。如：

凡字有事理可解者，曰实字。无解而惟以助实字之情态者，曰虚字。②

马建忠是给汉字进行周遍性归类的第一人。在马建忠以前，人们研究、讨论虚字，往往是举例性的。如清初刘淇在《助字辨略·自序》中说：

构文之道，不过虚字、实字两端，实字其体骨，而虚字其性情也。③

---

① 唐，孔颖达：《毛诗正义》第 6 页，《十三经注疏》上册第 274 页，中华书局 1980 年。

② 马建忠：《马氏文通》第 19、20 页，商务印书馆 1983 年。

③ 清，刘淇：《助字辨略》《自序》第 1 页，中华书局 1954 年。

马建忠则提出：

今以诸有解者为实字，无解者为虚字，是为字法之大宗。……故虚实两宗，可包括一切字。[①]

(1)实字

尽管现代语法学区分虚词、实词，取的是古汉语句读分析中以有实义、“不为义”来区分虚字、实字的标准，我们分析古代汉语的实字、虚字，还需兼顾以有形体、无形体来区分虚字、实字这一条标准。

前面说过，以有形体、无形体分虚实，主要是就诗句而言。宋代魏庆之在《诗人玉屑》中就收集了一些以实字为主而构成的诗句，他称之为“实字妆句”。如：

(13)日月低秦树，乾坤绕汉宫。（杜甫）

(14)树繄(yī)楼台月，帆飞鼓角风。（周繇《送蔡尚书》）

(15)沙岸江村近，松门山寺深。（孟浩然《送人》）

(16)茶炉天姥客，棋席剡(shàn)溪僧。（温庭筠《宿僧寺》）

(17)旌旗日暖龙蛇动，宫殿风微燕雀高。（杜甫《早朝》）

(18)潮生水国蒹葭响，雨过山城桔柚疏。（许浑）

（宋，魏庆之《诗人玉屑》卷三）

例(13)(14)(15)(16)共 40 字，其中实字 34 个，虚字仅“低”、

① 马建忠：《马氏文通》第 19、20 页，商务印书馆 1983 年。

“绕”、“紧”、“飞”、“近”、“深”等 6 个。例(17)(18)共 28 字,其中实字 20 个,虚字仅“暖”、“动”、“微”、“高”、“生”、“响”、“过”、“疏”等 8 个。

正因为这里的虚字、实字都有意义,就有必要定一个区分的标准。南宋陆九渊(公元 1139—1193 年)指出:

字之指归又有虚实,虚字但当论字义,实字当论所指之实。①

陆九渊说的是,虚字只有“字义”,实字既有字义,还有所指的实体。这个标准跟《对类》作者的说法是一致的。

正因为区分虚字、实字是根据该字所表达的对象是有形体的还是无形体的,所以,同一个字就会因用法不同而分属虚、实两类。宋代王观国在《学林》中举的例字有:

“枕”字分上声、去声二音,若“枕股而哭”、“枕辔(pèi)而寝”、“饮水曲肱而枕之”、“枕流漱石”与夫“枕戈”、“枕江”之类,皆去声也。上声为实字,去声为虚字,二声有辨也。(宋王观国《学林》卷十)

这里,王观国只举了去声“虚字”(今之动词“枕”)的例。上声“实字”的“枕”就是现代人们说的枕头的“枕”,成语有“高枕无忧”。

明代杨慎(公元 1488—1550 年)在《丹铅总录》中说:

“略”也,“边”也,“塞”也,皆实字也。“边”、“塞”字易明,“略”字义少隐,故解者不以为实字而虚之。②

① 宋,陆九渊:《陆象山全集》,引文转引自郑奠、麦梅翘编《古汉语语法学资料汇编》第 95 页,中华书局 1964 年。

② 明,杨慎:《丹铅总录》,引文出处同上。

“边”、“塞”二字有实体是容易明了的，“边”指边界、边疆；“塞”指要塞。杨慎举例中的“略”字，也有疆界的意思。如《左传·庄公二十一年》载：“王与之武公之略，自虎牢以东。”这里的“略”就是疆域的意思。按王观国的说法，“略”也可以是虚字，如“攻城略地”中的“略”。

由此看来，以有形体、无形体分实与虚，在作诗、对类方面，确实给人们带来方便，也发现了一些有用的规律。但是，从语言文字运用方面来说，人们逐步认识到，以有实义、“不为义”分实与虚，更适合总结语言文字运用的规律，更能反映语言文字的本来面目。因而，自元代以后，学者们就更多地注意研究“不为义”的虚字。因为，有实义的实字，既可以在著作中或注释中找到合理的解释，也可以在《尔雅》、《说文》等辞书中得到实在的字义。虚字在任何一本随文注释的书中都不可能给人较完整的印象，集中研究虚字，势在必行。

可是，古代学者明确地认识到，实字是根本，是基础，虚字是由实字发展演变而来的。元代周伯琦在《六书证讹》中指出：“大抵古人制字，皆从事物上起。今之虚字，皆古之实字。”[①]虚字跟实字，本来就是有联系的。

(2)虚字

虚字引起学者们的注意，还有汉字自身发展演变的原因。清代刘大櫆在《论文偶记》中说到：

上古文字初开，实字多，虚字少，典谟训诰，何等简

① 元，周伯琦：《六书证讹》，引文出处同132页注①。

奥，然文法自是未备。至孔子之时，虚字详备，作者神态毕出。左氏情韵并美，文采照耀。至先秦战国，更加疏纵。汉人敛之，稍归劲质。文必虚字备而后神态出，何可节损。然枝蔓软弱，古人后重之气，自是后人文渐薄处。①

这个意思，明代费经虞在《雅伦》中引范德机的话就说过。他说："实字多则健，虚字多则弱。"(《雅伦》卷十五)

更早一些，宋代沈义父在《乐府指迷》中也论及"空头字"问题。他说：

腔子多有句上合用虚字，如"嗟"字、"奈"字、"况"字、"更"字、"又"字、"料"字、"想"字、"正"字、"甚"字，用之不妨。如一词中两三次用之便不好，谓之空头字。②

这里引文中的"腔子"，当是乐府中常用的固定的句子结构形式的意思。《朱子语类辑略》八《论文》中曾说："文字自有一个天生成腔子，古人文字自贴这天生成腔子。"

清初袁仁林在他的《虚字说序》中说：

虚字者，语言衬贴，所谓语辞也。在六书分虚实，又分虚实之半，皆从事物有无动静处辨之。若其仅属口吻，了无意义，可说此乃虚之虚者，故俗以虚字目之。盖说时为口吻，成文为语辞，论字为虚字，一也。(袁仁林著、解惠全注《虚字说》第11页)

袁仁林说得很清楚，他在《虚字说》中讨论的虚字，是"虚之虚

① 清，刘大櫆：《论文偶记》，引文出处同132页注①，第92页。

② 宋，沈义父：《乐府指迷》，引文转引自郑奠、麦梅翘编《古汉语语法学资料汇编》第95页，中华书局1964年。

者”这一类。这类虚字“仅属口吻，了无意义”，也就是书面语中的语辞。袁仁林进一步强调：“夫虚字诚无义矣，独不有气之可言乎。吾谓气即其义耳，不然几于哑谜廋（sōu）辞，难可究诘。展转相仍，一以模棱付之，不其谬欤。”所以，他说：“间尝为童子说书，约其一二，俾垂髫者目焉。是亦末之末也，然因末而畅其所言之本。本且获矣，末云乎哉。”袁仁林强调，就语辞来说，“气即其义”，是很有见地的。否则，虚字中的语辞又怎么能再作解释。

这一点，袁仁林在《虚字总说》中有更详尽的论述。他认为：

> 五方殊语，莫不随其语而声情以具，俗所谓口气也。其口气不过数种：或是疑而未定，尚在虚活；信而不疑，归于死煞；指上指下，推原前事，模拟方来；顶上起下，透下缴上；急转漫（今当作“慢”）转，紧承遥接；掀翻挑逗，直捷纡徐，中有喜怒哀惧、宛转百折之情，而声适如之。盖虽在寄僰（bó）戎虏之乡，鸟言鴂（jué）舌之俗，亦少口气不得。当其掉舌时，何尝有“焉”、“哉”、“乎”、“也”等字，而其声则可以诸字括之而无余。此虚字虽无实义可诠，而究有声气可寻也。（袁仁林著、解惠全注《虚字说》第128页）

袁仁林说的是，表达口气的这种虚字，数量不多，可用途很广，“虽无实义可诠，而究有声气可寻”。

关于虚字在古典诗词中的应用，各时期的学者也有不少研究。如：

> 诗用实字易，用虚字难。盛唐人善用虚字，其开合呼

应，悠扬委曲，皆在于此。用之不善，则冗弱散漫，不复可振。[①]

律诗，子美多用实字，高适多用虚字。（明谢榛《四溟诗话》卷一）

词中虚字犹曲中衬字，前呼后应，仰承俯注，全赖虚字灵活，其词始妥溜而不板实。不特句首虚字宜讲，句中虚字亦当留意。如白石词云："庾郎先自吟愁赋，凄凄更闻私语。""先自"、"更闻"互相呼应，余可类推。[②]

这里，我们没有把"无形体"、"不为义"两类虚字严格区分，因为它们需要通过实例才能说清楚，在此从略。

宋代魏庆之在《诗人玉屑》列举了一些以虚字为主构成的诗句，他称之为"虚字妆句"。例如：

(19)长贫惟要健，渐老不禁愁。（张籍《寄王中丞》）

(20)身外唯须醉，人间半是愁。（司空曙）

(21)飘摇搏击便，容易往来游。（杜甫）

(22)未满先求退，归闲不厌贫。（李嘉佑《送房明府》）

(23)艳丽最宜新着雨，娇饶（今当作"娆"）全在欲开时。（郑谷《海棠》）

(24)渐老更思深处隐，多闲惟借上方眠。（贾岛）（魏庆之《诗人玉屑》卷三）

上引诗句中的字，按"有形体"标准，只有"身"、"人"、"雨"等几

① 明，李东阳：《麓堂诗话》，引文出处同134页注②，第91页。

② 清，沈祥龙：《论词随笔》，引文转引自郑奠、麦梅翘编《古汉语语法学资料汇编》第96页，中华书局1964年。

个实字，其余都是虚字。真是称得上虚字妆句的典型了。

实字虚用则指表示有形体事物的实字活用为不强调事物形体的虚字。明代费经虞说："少陵'子能渠细石，吾亦沼清泉'，韩翃(hóng)'星河秋一雁，砧杵夜千家'，皆以实字作虚字用。"(《雅伦》卷十二)这里说的是诗眼，即五言的第三字"渠"、"沼"、"秋"、"夜"四字，原为实字，今临时用为虚字。用现代语法学的术语，是名词活用为动词。

宋代洪迈已注意到实字虚用的现象。他说：

> 左氏传好用"门焉"字。如"晋侯围曹，门焉"；"齐侯围龙卢蒲就魁，门焉"；"吴伐巢，吴子门焉"；"富阳人启门，诸侯之士门焉"；及"蔡公孙翩以两矢门之"，"门于师之梁"，"门于阳州"之类，皆奇葩之语也。(洪迈《容斋随笔》三笔卷十六)

"门"本为地道的有形体的实字，今用为虚字，意为"攻门"或"守门"。现代语法学称之为名词活用为动词。

清代学者注意到的实字虚用现象研究颇多。黄本骥在《痴学》中说到：

> 昌黎《苦寒》诗："六龙冰脱髯"，《寄李大夫》诗："无因帆江水"。"冰"字"帆"字，皆以实字虚用，死字活用，作去声读。(黄本骥《痴学》卷六)

"冰"、"帆"均实字，这里用作虚字，也是名词活用为动词。《苦寒》诗上句为："虎豹僵穴中，蛟螭死幽潜；荧惑寒躔次，六龙冰说(通'脱')髯。"[①]"冰"为冰冻义。《寄李大夫》原诗题为《除

---

① 韩愈：《韩昌黎全集》第69页，中国书店1991年。

官赴阙至江州寄鄂岳李大夫》。《全集》题注:“元和十五年(公元 820 年)九月,公自袁州召拜国子祭酒,行次盆城作。”“盆城”又作“湓城”、“湓口”,即江州,今江西九江。诗的起句为:“盆城去鄂渚,风便一日耳。不枉故人书,无因帆江水。”《全集》随文注:“‘帆’,诸本作‘泛’,今从蜀本云。‘帆’,去声。”[①]此“帆”为扬帆而行义。死字活用,原注已明。关于“作去声读”的问题,留待§3再作讨论。

2. 死字和活字

古汉语句读分析中,实字、虚字这对概念之外,还有一对概念是死字、活字。死字、活字跟实字、虚字的关系是怎样的呢?明代《对类》载:

> 实字皆是死字,惟虚字则有死有活。死谓其自然而然者,如“高”、“下”、“洪”、“纤”之类是也。活谓其使然而然者,如“飞”、“潜”、“变”、“化”之类是也。(《对类》习对格式,第 1 页)

从这里所举的例字来看,“高”、“下”、“洪”、“纤”之类表达“自然而然”现象的死字,现代语法学称之为形容词;“飞”、“潜”、“变”、“化”之类表达“使然而然”现象的活字,现代语法学称之为动词。由此我们知道,古代学者的“自然而然者”是指不经外力作用而自然存在的状态,“使然而然者”是指经外力或内力而发生变化的状态。

---

① 韩愈:《韩昌黎全集》第 108 页,中国书店 1991 年。

(1)死字

如前所说,死字是表示“自然而然”现象的字。死字包括两类字:一类是所有的实字,一类是虚字中表达“自然而然”现象的字。

我们先看第一类死字,即实字。现就《对类》中所举的实例来看。例如:

(25)实字:天、乾、空、穹、桃、梅、棠、梨、柑、松、檀、杨、桑、经、诗、爻、笺、文、词、书、章、史、易、礼(卷十五第1页)

(26)并实:乾坤、阴阳、虚空、云霄、云烟、云霞、春天、秋天、晨风、时风、秋曦、晨曦、朝霜、冬霜(卷一第20页)

(27)并实死:妖娆、丰腴、稀疏、纤长、娉婷、蓬松、尊严、龙钟、蹒跚、委蛇、袅娜、艳冶、瘦削、伛偻、拥(今当作“臃”)肿(卷十第26页)

(28)半实:声、光、威、华、音、文、容、形、情、怀、衷、思、魂、颜、性、态、度、量、想(卷十第2页)

(29)半实死:名、音、声、姓、氏、字、命、号、谥、行[见于其身曰“行”](卷九第2页)

(30)并半实:光辉、光芒、精神、精华、声音、声威、祯祥、性情、焰光、婚姻、婚丧、烝尝、冠笄、丧祭、嫁娶、匹配、威仪、规模、形容、典章、宪章、义理、道理、格式、典故、礼法、礼节、生涯、世情、活计、世务(卷九第11页)

(31)上实下半实:天纲、天经、天机、天枢、天功、天权、天聪(卷一第16页)天常、天文、天真、坤元、乾符、帝则、日用、日计、月令、日晷(卷一第17页)

上引《对类》中的实字、半实字、实死字、半实死字，按表“自然而然”的现象这一标准，应该说，基本上是符合“死字”的要求的。例(25)“实字”都是表有形体事物的字，例(26)中的“并实”字就不见得都有形体，如“乾坤”、“阴阳”、“虚空”等。例(27)的“并实死”字表形体，但不是指事物本身，而是表事物存在的状态。例(28)“半实”包括表示心理活动的“思”和“想”，其中的“文”例(25)列为实字。再者，例中“声”、“音”两字既列入半实，又列入半实死，可能本来就界限不清。还有，并实死“纤长”中的“长”，在“天长”中又列入(43)“上实下虚死”，是否因“纤长”中的“长”有形体可见，而“天长”中的“长”无形体可见，就将“长”一分为二。

如《对类》作者所说，实字都是死字。那么，虚字中的死字，也就是第二类死字，又是指什么呢？我们再看《对类》中的例。例如：

(32)虚字死：千、三、单、孤、双、多、京、垓、沟、群、重、蓰、诸、独、两、亿、兆、数、众、半(卷十六第1页)

(33)并虚死：苍苍、昭昭、高高、明明、团团、亭亭、微微、薰薰、萧萧、飕飕、皑皑、层层、浮浮、纷纷；油然、昭然、凄然、肃然、飒然、沛然、大哉、皎若、凛若、轻清、高明、穹窿、清虚、昭明、光明、光华、朦胧、融和、团圆、晶荧(今当作“莹”)、参差、滂沱、淋漓、悠扬、连翩、纡徐、清凉、凄清、缤纷、轻盈、迷茫(卷一第58页)三长、三多、四深、八哀、八义、六迷、两从、五悲(卷十五第28页)

(34)并半虚死：行行、层层、重重、般般、累累、纷纷、番番、点点、个个、对对、片片、阵阵(卷十六第7页)寻

常、分毫、丝毫、些须、赢余、锱铢(卷十六第3页)

例(32)、(33)、(34)都是虚字中的死字,其中"层层"、"纷纷"既列入并虚死,又列入并半虚死。看来,虚字、半虚字也存在界限不清的事实。

由此可见,死字包括现代语法学中名词、形容词和数量词,还有"思"、"想"之类的表示心理活动的动词。

(2)活字

活字是跟死字相对而言的,是表示"使然而然"现象的字。

从前面的讨论中我们知道,在古汉语的句读分析中,死字、活字这对概念跟实字、虚字这对概念是不一样的。实字、虚字着眼于该字所表示的对象是有形体可见的,还是无形体可见的,着眼点是形体。死字、活字着眼于该字所表示的现象是自然而然的,还是使然而然的,着眼点是状态。

我们先看《对类》所列的活字例。例如:

(35)虚字活:闻、聆、听、观、俞[应许之词]、搜、从、矜、称、令、需、添、加、见、觉、顾、认、察、看、记、识、想(卷九第1页)

(36)并虚活:吟哦、呕吟、披吟、呻吟、沉吟、藏修、删修、删裁、揄扬、敲推、参详、铺张、搜寻、讥评、敷陈、申明、钻研(卷十五第28页)

例(35)、(36)两类活字,在现代语法学中都称之为动词。其中的"想"字,在死字(28)半实中也见到,是否"想"也有自然而然地想和使然而然地想这种区别,因而将"想"归入半实字和虚字两类。

关于活字的运用，宋代罗大经在《鹤林玉露》中说：

> 作诗要健字撑柱，要活字斡旋。“红入桃花嫩，青归柳叶新。”“弟子贫原宪，诸生老伏虔。”“入”与“归”字，“贫”与“老”字，乃撑柱也。“生理何颜面，忧端且岁时。”“名岂文章著，官应老病休。”“何”与“且”字，“岂”与“应”字，乃斡旋也。撑柱如屋之有柱，斡旋如车之有轴，文亦然。诗以字，文以句。（罗大经《鹤林玉露》卷六）

这里，罗大经提出了一个新概念“健字”。从所举的例字来看，“入”、“归”是现代语法学中的动词，“贫”、“老”是现代语法学中的形容词，此处似活用为动词。如杜甫《寄李十二白二十韵》“处士祢衡俊，诸生原宪贫”句，祢衡东汉时人，原宪春秋鲁人，即子思。“祢衡俊”、“原宪贫”，意为比祢衡更俊，比原宪还贫。上引“弟子贫原宪，诸生老伏虔”句，出自杜诗《寄岳州贾司马六丈巴州严八使君两阁老五十韵》[①]。在句读分析中，“入”、“归”、“贫”、“老”都应当归入“使然而然”一类，即也是“活字”。罗大经举的活字例，在现代语法学中，“何”是疑问代词，“且”、“岂”是副词，“应”是助动词，它们都是有资格归入袁仁林说的“虚之虚者”一类的。看来，罗大经是把一般人说的活字又分出“健字”这个小类。

这个问题，我们看宋代魏庆之在《诗人玉屑》中的例就更加清楚了。魏庆之举的“眼用活字”例有：

> (37)孤灯燃客梦，寒杵捣乡愁。（岑参《客舍》）
>
> (38)夜灯移宿鸟，秋雨禁行人。（张蠙《经荒驿》）

---

① 《杜甫全集》第153页，上海古籍出版社1996年。

(39)危峰入鸟道，深谷富猿声。（李白《题范溪馆》）

(40)春阴妨柳树，月黑见梨花。（郑谷《村舍》）

(41)万里山川分晓梦，四邻歌管送春愁。（许浑《赠何押衙》）

(42)莺传旧语娇春日，花学严妆妒晓风。（章孝标《古宫行》）（魏庆之《诗人玉屑》卷三）

前面已经说到，古五言以第三字为眼，七言以第五字为眼。上六例“眼用活字”为“燃”、“捣”、“移”、“禁”、“入”、“富”、“妨”、“见”、“分”、“送”、“娇”、“妒”等。这12个“活字”，现代语法学都称之为动词或用作动词。

可是，活字的范围还不仅仅是这一类。清代钟褏在《菣崖考古录》中指出：

物名有假借为虚活字者，如“为”本母猴，今以为“作为”之为；“旧”本旧留，今以为“新旧”之旧；“焉”，鸟黄色也，今以为语助；“朋”，古文凤也，今以为朋党。此类甚多。（钟褏《菣崖考古录》卷一）

引文中的“旧留”当是原物、原样之意，“朋党”指结党，互相勾结。古字“为”、“旧”、“焉”、“朋”原均为物名，后假借为虚活字，实际上主要用于虚活字。现代语法学称“作为”中的“为”、“朋党”（即“结党”）中的“朋”是动词，“旧”是形容词，“焉”是语气词。

从上面的各类实例可以知道，古汉语句读分析中的活字，包括现代语法学中的动词以及作动词用的各类词。

(3)死活字组

死活字组是指经常在一起出现的由死字、活字构成的字组。从这类字组我们可以进一步了解古代学者区分死字、活字的必要性、合理性，以及弄清它的长处和短处。

我们先看《对类》中下面的例：

(43) 上实下虚死：天高、天长、风斜、风高、霜清、霜稠、星低、星稀(卷一第 8 页) 天边、天涯、云端、风前、霜间、霜余 (卷一第 18 页)

(44) 上实下虚活：风吹、风飘、云驱、云腾、烟迷、烟埋、星连、星浮、雷同、雷惊(卷一第 10 页)

(45) 上实下半虚：心寒、心凉、齿寒、胃寒、色温、面冷、眼冷、耳热、手热(卷十第 15 页)

(46) 上实下半虚死：天寒、天晴、天阴、风和、风凉(卷一第 21 页)

例(43)中的“天”、“风”、“霜”、“星”、“云”为实字，是没有问题的；“高”、“长”、“斜”、“清”、“稠”、“低”、“稀”、“边”、“涯”、“端”、“前”、“间”、“余”等作虚死字，也合情合理。例(44)除例(43)出现的实字外，又有“烟”、“雷”两实字，例(45)又增加“心”、“齿”、“胃”、“色”、“面”、“眼”、“耳”、“手”等实字，例(46)没增加实字。这些实字也都没有问题。例(44)的“虚活”字：“吹”、“飘”、“驱”、“腾”、“迷”、“埋”、“连”、“浮”、“同”、“惊”，也都合情合理。可例(45)的“半虚”：“寒”、“凉”、“温”、“冷”、“热”等当为“半虚活”，跟例(46)的“半虚死”：“寒”、“晴”、“阴”、“和”、“凉”等相对。例(45)偏于“使然而然”的现象，例(46)偏于“自然而然”的现象。如两例中均出现的“寒”、“凉”两字，“天寒”、“风寒”为本义，属“自然而然”的半虚死，“心寒”、“心凉”为比喻义，属“使然而然”的半虚活。

再者,《对类》中还有“上半实下实”一类。例字为：

凉台、凉亭、晴廊、寒窗、寒门、温房、暖扉、冷室(卷六第7页)、朱楼、红楼、朱宫、青楼、丹墀、雕檐、雕墙、粉窗、紫闱、翠楼、画楼、彩廊、素轩、绛宫、碧城(卷六第24页)

这里的“凉”、“晴”、“寒”、“冷”、“温”作“半实”字,可在例(45)(46)中,它们是“半虚”、“半虚死”。这“半实”跟“半虚”的界限又在哪里？因为,如果说“凉台”、“凉亭”的“凉”,用的是本义,那“寒窗”、“寒门”的“寒”,用的绝对是比喻义,何以都归之为“半实”。

上面讨论的是“上实下虚”字组,下面我们再看“上虚下实”的字组。例如：

(47)上虚活下实：行云、屯云、垂云、流星、流霜、轰雷、回风、飘风、浮烟、垂虹、翔阳(卷一第13页)为霜、成霜、催霜、生云、成烟、流空、悬空、连天、迷天、随风、烧空、飞空、横空、行天(卷一第14页)

(48)上虚活下半实：调元、观文、扶阳、当阳、承乾、旋乾、握乾、奠坤、轻坤、弭灾、养阳、闭阳、抑阴、纵阴、负阴、奉元(卷一第42页)呈祥、扬辉、增辉、浮光、流光、含光、争光(卷一第47页)开时、生时、荣时、舒时、落处、舞处、熟后、落后、种后、谢后(卷四第57页)闲中、忙中、愁中、酒边、话边、笑边、梦间、病间、睡余、食前、别后、见后、意内、望外、话外(卷九第20页)

(49)上虚死下实：长天、遥天、高空、澄空、澄霄、层霄、轻云、痴云(卷一第6页)初霜、将霜、频霜、未霜、欲

霜、始霜、乍霜(卷一第 18 页)

(50)上虚死下半实：无声、无心、无情、多情、何心、何言、有声、有光、有形、有威、有痕、不常、不私(卷一第 44 页)

(51)上半虚死下实：祥云、妖云、香风、灵风、雌风、休风、纯阳、华星、灾星、祥氛、祥飙(卷一第 15 页)晴天、炎天、寒天、阴天、薰风、凉风(卷一第 21 页)仁风、恩风、文风、刚风、威风、德风、化风、教风、恶风、法雨、政雨(卷一第 39 页)

例(47)中"虚活"字有："行"、"屯"、"垂"、"流"、"轰"、"回"、"飘"、"浮"、"翔"、"为"、"成"、"催"、"生"、"悬"、"连"、"迷"、"随"、"烧"、"飞"、"横"、"行"等，都符合表"使然而然"现象的条件。例(48)中的"虚活"字也基本符合要求。例(49)的"虚死"字就表"自然而然"现象来说，本身没有问题。可其中"轻云"的"轻"为虚死字，而例(48)中"轻坤"的"轻"是虚活字，却是让人费解。例(50)中"无"、"多"、"何"、"有"、"不"均为虚死字。其中的"有"、"无"，现代语法学称之为动词，当为虚活字。当然，"有"、"无"作为语助，还有其他用法，这里不赘述。

死字、活字的研究是为了什么呢？古代学者还是着眼于运用。正如《对类》作者所说："虚字对虚，实字对实，半虚半实者亦然。最是死字不可对以活字，活字不可对以死字，此而不审，则文理谬矣。"[①]就"有形体"来说，实字都是表示客观事物

① 佚名：《对类》，引例转引自郑奠、麦梅翘编《古汉语语法学资料汇编》第 110 页，中华书局 1964 年。

名目的字，尽管这些字多是最初的象形字，历史长，用途广，可相对于字的整体，它们数量比较少。表“无形体”现象的虚字，数量就大得多，据客观事理再分出死字、活字，以满足用字的需要，这正是古代学者的杰出贡献。

(4)死字活用

死字活用有两种情况：一种是临时性地将死字借用为活字，这类字本质上还是死字；一种是死字活用后就逐渐变成了活字，原死字义只在古籍中保存，如上节说到的“为”、“旧”一类就是。

下面我们主要讨论临时性地将死字借用为活字的一类。

关于这一类死字活用，清初袁仁林在《虚字总说》中有精辟的论述。他说：

> 实字虚用，死字活用，此等用法，虽字书亦不能偏(今当作“遍”)释。如：“人其人，火其书，庐其居”；“墟其国，草其朝”；“生死肉骨”，“土国城漕”之类，上一字俱系死实字，一经如此用之，顿成虚活，而反觉意味无穷。大抵字经文士驱遣，凡实皆可虚，凡死皆可活，但有用不用之时耳。从其体之静者，随分写之，则为实为死；从其用之动者，以意遣之，则为虚为活。用字之新奇简练，此亦一法。然其虚用活用，必亦由上下文知之。若单字独出，则无从见矣。(袁仁林著、解惠全注《虚字说》第131页)

引例中的“人”、“火”、“庐”、“墟”、“草”等字，所表示的对象不仅有形体，并且是自然而然的现象，它们属实死字无疑。用在上面的句子中，就不强调所表示的对象的形体，而是突出“使然而然”这一状态。这就成了虚活字。正如袁仁林所说，确实让人觉得“意味无穷”。“生死肉骨”意思是使死者复生、让骨头长出肉来。至于“土国城漕”，《毛诗正义》注“或役土功于国，或修理漕城”①。“土国”意思是在国内役使土工，“城漕”意思是在漕邑修筑城墙。除“生”在例(47)中本为虚活字外，“肉”和“土”、“城”取使然而然义，所以成为临时性的虚活字。

死字、活字这一对概念也是在宋代就有了明确的规范。宋代的范晞文在他的《对床夜语》中说：

> 虚活字极难下，虚死字尤不易。盖虽是死字，欲使之活，此所以为难。老杜“古墙犹竹色，虚阁自松声”，及“江山有巴蜀，栋宇自齐梁”，人到如今诵之。予近读其《瞿塘两崖》诗云，“入天犹石色，穿水忽云根”，“犹”、“忽”二字，如浮云著风，闪烁无定，谁能迹其妙处。他如“江山且相见，戎马未安居”，“故国犹兵马，他乡亦鼓鼙”，“地偏初衣袷，山拥更登危”，“诗书遂墙壁，奴仆且旌旄”，皆用力于一字。②

我们知道，实字都是死字，虚字才有死有活。范晞文认为，“虚活字极难下，虚死字尤不易。”一个“极难下”，一个“尤不易”，把这两类字的运用说得难乎其难。难在哪里？难在“虽是死字，欲使之活”。举的例字有：

犹　自　有　忽　且　未　亦　初　更　遂

① 唐，孔颖达等：《毛诗正义》第31页，《十三经注疏》上册第299页，中华书局1980年。

② 宋，范晞文：《对床夜语》，引文出处同①，第109页。

这些字都用于诗眼,即五言的第三字。诗人"皆用力于一字",就是要把这些虚死字活起来。"入天犹石色,穿水忽云根"两句,因"犹"、"忽"两虚活字而使诗句"如浮云著风,闪烁无定",将云雾迷漫、天水一色、飘忽不定,写得活灵活现,确是妙处难言。

清代袁仁林在《虚字总说》论及"耳"、"目"、"视"、"听"诸字,很能说明一些问题。他说:

> "耳"、"目",体也,死实字也;"视"、"听",用也,半虚半实字也。"耳而目之"句,配以"而"字"之"字,则死者活、实者虚矣。口中"耳""目",而意已"视""听"矣。盖直斥"视"、"听"者,意尽言中,而索无余味;活用"耳"、"目"者,体用俱来,而形神飞动。以此推之,知虚用活用之妙。(袁仁林著、解惠全注《虚字说》第131页)

"耳"、"目",有形体,是自然而然者,它们是实死字无疑。"视"、"听",袁仁林定为半虚半实字,是取其"似有而无"、"似无而有"的形体状态。"耳而目之"意思是"听之而且看之",这就是"耳"、"目"两个实死字的虚用、活用。至于活用"耳"、"目"二字的妙处,袁仁林说是"体用俱来,而形神飞动",当然是不错的。然而,虚字活用要用之得其法,虚用活用太滥,效果则适得其反。这在前人是早有论述的。

元代卢以纬结合实义字来讲语助的虚与活,也有独到之处。如他说:

> 于,是指那事物或地名之类而言,故着一"于"字以指定之。

> 所,亦指事为而言,如"所能"、"所学"之类。比"于"

字所指之义绝不同。“所”字活,“于”字死。

> “于”是死字,故所指之事亦不活,如“志于学”之类,但指其事耳。“所”是活字,若曰“所学”,是明指其习学之而为其事也。(卢以纬著、王克仲集注《助语辞集注》第30—31页)

“于”、“所”作为虚字,一个是死字,一个是活字。不仅如此,跟死字“于”组成的字组,如“于学”、“于思”,它们也只是“指其事”而不活;跟活字“所”组成的字组,如“所学”、“所能”,则分别有“其习学之而为其事”、其习能之而为其事的意思。因而,王克仲先生说,“卢氏所谓‘指事为’者,既非指‘事’,亦非指‘为’,统指‘事为’而言。要在‘事为’二字上。此说颇切结构助词‘所’字之语法意义。”(《助语辞集注》第32页)

古代学者的字类观,是以实字、虚字为基础,再进一步区分死字、活字。因为实字都是死字,所以,实际上是给虚字再分死、活。这种分类,有“自然而然”、“使然而然”的客观事理为依据,可在语言运用中又有一定的灵活性,这就是死字可以活用。实字虚用,死字活用,都离不开一定的语言环境,都是经过句读分析归纳整理出来的规律,是古代学者留给我们的宝贵财富。

3. 动字和静字

动字、静字这一对概念,也出现于宋元时代。

宋代黄震在《黄氏日钞》中说:“‘伯’声转而为‘霸’,乃有之称也。正音为静字,转音为动字。”北宋贾昌朝(公元998—1065年)著《群经音辨》,书初刊于宋仁宗庆历三年(公元1043

年)。该书分五门:一曰辨字同音异,二曰辨字音清浊,三曰辨彼此异音,四曰辨字音疑混,五曰辨字训得失。该书卷一至卷五为“辨字同音异”讨论一般的又音及借音。卷六包括三门:“辨字音清浊”、“辨彼此异音”、“辨字音疑混”,对经籍中209个字加以辨析。这些字依靠声调或声母、韵母的变化来区别意义。这里首次汇集经籍中以声别义的字例,为后来者讨论四声别义以及古汉语句读分析,提供了重要的参考资料。书出九十九年后的1142年,南宋王观国在《群经音辨后序》中称:“惟贾魏公沈研经旨,析类辨音,传注笺题,不为曲释,栉理凝义,启沃宸衷,至先王怡心守身,经理天下之微意,指物譬事,毫析缕解。故其辨明舛误,是正群书,上不欺乎君,下不欺乎民。愈久愈明,千载不灭。”[①]王观国自己撰有《学林新编》一书,以辨别文字的形、音、义为主,对经史诸书的笺释注疏,胪列异同,考定得失,多有新解。他对贾昌朝和其书的评价,当是可信的。元代程端礼将贾书卷六例字全部收入《程氏家塾读书分年日程》卷三。元代刘鉴又根据《群经音辨》二、三、四门所收的字,在贾昌朝反切之后加注四声,并说明字性的动和静,撰成《经史动静字音》。

关于字音,元代有一本重要的著作,这就是周德清(公元1277—1365年)的《中原音韵》。周德清主张“欲作乐府,必正言语;欲正言语,必宗中原之音”。《中原音韵》成书于元泰定甲子(公元1324年),可能与卢以纬的《语助》同年完成。周书

① 王观国:《群经音辨后序》,贾昌朝《群经音辨》第5页,《丛书集成初编》(1208),中华书局1985年。

于至正元年(公元 1341 年)刊行于世。由于该书记录了当时北方地区通行的中原语音,至今仍是研究近代汉语语音的主要依据。

刘鉴的《经史动静字音》跟《中原音韵》性质完全不同。刘鉴在贾昌朝收集的同一字不同用法有不同读音的实例的基础上,加注四声,说明字性,目的在方便人们阅读经史,辨别字义和用法。

明代袁子让在《字学元元》中说:"字义从音转。此一字也,变一声即易一义。"[①]也是在明代,张位在《发音录》中称:"若近刻《经史动静字音》所载去声字,亦多牵强难从,且与诸书不合。"[②]到了清代,对动静字的复杂音变提出异议的学者就比较多。如明末清初学者王夫之(公元 1619—1692 年)在《说文广义》中说:

> 一字而发为数音,其原起于训诂之师,欲学者辨同字异指、为体为用之别,而恐其遗忘,乃以笔圈破,令作别音而记其义之殊。
>
> 凡一字之体用、能所,义相通而音不必异。[③]

王夫之将同字异音完全归到"训诂之师"身上,恐怕也不是事实。他说"义相通而音不必异"却很有道理。不然,为什么宋元时代那么多需要"音辨"的字,后来就减少了,不辨了?跟王夫之同一时期的顾炎武(公元 1613—1682 年)对这种繁复的

---

① 袁子让:《字学元元》,引文转引自郑奠、麦梅翘编《古汉语语法学资料汇编》第 193 页,中华书局 1964 年。

② 张位:《发音录》(字学典),引文出处同上,第 196 页。

③ 王夫之:《说文广义》,引文出处同上,第 196、197 页。

"音辨"现象更是嗤之以鼻。他说：

> 自训诂出而经学衰，韵书行而古诗废，小辩愈滋，大道日隐。噫，先圣之微言，汩于蒙师之口耳者多矣。（顾炎武《音论》卷下）

顾炎武的激愤之情，溢于言表。

其实，这个问题在贾昌朝撰《群经音辨》时就注意到了的。他在《群经音辨序》中说："夫经典音深作深式禁切，音广作广古旷切。世或诮其儒者迂疏，强为差别。臣令所论，则固不然。夫轻清为阳，阳主生物，形用未箸，字音常轻；重浊为阴，阴主成物，形用既箸，字音乃重。信禀自然，非所强别。以昔贤未尝著论，故后学罔或思之。"[1]他的"清阳浊阴"说，未必可靠；字音清浊，古已有之，只是"昔贤未尝论著"，确是事实。

(1)何谓动静字

关于动静字定义，从目前所见材料看，当以清初袁仁林在《虚字总说》中提出的界限较为明确。他说：

> 先儒分别动静字，盖从人意驱使处分之也。同一字也，用为勉强著力者，则为动，因其自然现在者，则为静。如"明明德"、"尊尊"、"亲亲"、"老老"、"幼幼"、"贤贤"、"长长"、"高高"、"下下"，俱是上动下静；"君君"、"臣臣"、"父父"、"子子"、"夫夫"、"妇妇"之类，又是上静下动。"止至善"之"止"为动，"知止"之"止"为静；"格物"之"格"为动，"物格"之"格"为静。动静相因，举无穷当尽之事，

---

① 贾昌朝：《群经音辨》第2页，《丛书集成初编》(1208)，中华书局1985年。

即以本字还之，使意无余欠，此驱使之妙也。凡此之类，意分而音不转。若其转音者，如“劳者劳之”、“来者来之”，虽分动静，毕竟其音先转，自有界限也。（袁仁林著、解惠全注《虚字说》第130—131页）

袁仁林强调，动静字是“从人意驱使处分之”。动字是表示“勉强著力”现象的字，静字是表示“自然现在”现象的字，动静字则是兼有这两种用法的字。值得注意的是，这里说的表示“勉强著力”现象的动字跟上节说的表示“使然而然”现象的活字有相似性，表示“自然现在”现象的静字跟上节说的表示“自然而然”现象的死字也有相似性。区别在于：死字、活字是就不同的字即所有的字来说的，动字、静字是就同一个字来说的。

这里的动字表示“勉强著力”现象，跟上一章说的活字表示“使然而然”现象；静字表示“自然现在”现象，跟死字表示“自然而然”现象，几乎完全一致。它们相互间的关系又是怎样的呢？从史料看，自元代刘鉴的《经史动静字音》到清初袁仁林的《虚字说》，动静字都是就“同一字”来说的。不过，刘鉴强调，同一字用为动字，还是用为静字，字音有差别；袁仁林则说，“凡此之类，意分而音不转”。这时候的动字、静字，跟活字、死字所指对象不同：动字、静字指同一字的不同用法，活字、死字则指性质不同的字。清代中叶，王筠（公元1784—1854年）在《说文释例》、《说文解字句读》中更具体运用动字、静字概念对一些字作出独到合理的解释。

我国何时提出动字、静字这一对概念，过去有不同的说法。杨树达在《高等国文法》中说：“然精思所积，荒径渐开，在吾国文法界中首创新名者，则朱氏骏声其人也。朱著《说文通训定声》(卷一)云：

> 攻假借为工。《尔雅·释诂》："'攻，善也。'《西周策》：'是攻用兵。'注：巧也。《小尔雅·广诂》：'攻，治也。'《考工记》：'凡攻木之工七。'按犹《诗》'雉离于罗'，'薪是获薪'，'景行行止'，'如涂涂附'，'行彼周行'，'载输尔载'，'于时庐旅'，'言授之絷，以絷其马'，《仪礼》：'士羞庶羞。'《论语》：'求善贾而沽诸。'皆一静字，一动字也。"①

接着，杨树达说，"朱氏创立动字静字之名，实为后来《马氏文通》所本。……然则朱云动字，固即今之动字，而静字则兼包名词形容词二事(马氏静字即形容词)，分析犹未免不精也。朱氏之后，小学家王筠亦有动字之名。……朱王二氏精治小学，后先创动静之名，斯马氏之先河，不容末(今当作"抹")杀者矣。(朱氏书自序于道光十三年[1833]，王氏书自序道光三十年[1850]。)"②

前面我们说到，清初袁仁林在《虚字总说》中即称："先儒分别动静字，盖从人意驱使处分之也。"他并不自称什么"首创新名"。而他的《虚字说序》是写于康熙四十九年(公元1710年)，比朱骏声、王筠写序的时间要早120－140年。如此说来，动字、静字这一对概念提出的时间当在宋元时代，而元代的刘鉴则是总其成的代表人物。

清末，马建忠著《马氏文通》，第一次将中国句读学中的动

---

① 杨树达：《高等国文法》第19页，商务印书馆1984年。

② 杨树达：《高等国文法》第20页，商务印书馆1984年。

字、静字，跟西方语法学中的动词、形容词联系起来。马建忠是借动字、静字之名指活字、死字之实，并按西方语法学的词类系统进行了改造。他说："动字与活字无别。不曰'活字'而曰'动字'者，'活字'对待者曰'死字'，未便于用，不若'动字'对待之为'静字'之愈也。"①

(2)动静字音

清代王筠曾指出："动静异读，已萌芽于汉，何劭公与许君同时，其注《公羊》也，曰：'读伐长言之，读伐短言之。'②虽因传两言伐云无所区别而为此说，然已为吕忱③之先声矣。"④汉代何休在"长言之"、"短言之"之后，特别说明为"齐人语也"，看来当时齐人使用的方言中确有这种区别。唐代徐彦又强调公羊高是齐人，"因其俗可以见长短"，那公羊高是用了一个家乡方言句式。何休的解诂也是要说明这一点。

刘鉴的《经史动静字音》所收的"字"，可以分为两类：一类是至今仍需区别字音的动静字，一类是现代已不再区分字音的动静字。据我们将《经史动静字音》中的 209 字，跟《现代汉语词典》(修订本)中有关的字进行比较，《现代汉语词典》(修

---

① 马建忠：《马氏文通》第 21 页，商务印书馆 1983 年。

② 《春秋公羊传注疏》庄公二十八年载："《春秋》伐者为客，伐者为主，故使卫主之也。"在"伐者为客"句下何休解诂云："伐人者为客，读伐长言之，齐人语也。"在"伐者为主"句下何休解诂云："见伐者为主，读伐短言之，齐人语也。"唐代徐彦疏谓："公羊子齐人，因其俗可以见长短，故言此。"《十三经注疏》下册第 2241 页，中华书局 1980 年。

③ 吕忱，西晋人。著有《字林》七卷，补《说文解字》之所遗漏。

④ 王筠：《说文解字句读》，引文转引自郑奠、麦梅翘编《古汉语语法学资料汇编》第 105 页，中华书局 1964 年。

订本)中仍为异读的有 87 字,占百分之四十一点六。[1] 可见,动静字音是有其坚实的语言基础的。试看下列诸例:

	《经史动静字音》[2]		**《现代汉语词典》**[3]
王	于方切,平声 君也。	王	wáng 君主
	于放切,去声 君有天下曰王。		wàng 古代称君主有天下。
亲	七邻切,平声 姻也。	亲	qīn 婚姻。
	七吝切,去声 婚姻相谓曰亲。		qìng 亲家,两家儿女相婚配的亲戚关系。
冠	古桓切,平声 首服也。	冠	guān 帽子。
	古玩切,去声 加诸首曰冠。		guàn 把帽子戴在头上。
空	苦红切,平声 虚也。	空	kōng 不包含什么。
	苦贡切,去声 虚之曰空。		kòng 腾出来;使空。
重	直龙切,平声 更为也(再也。)	重	chóng 重复;重新。
	直用切,去声 再之曰重。		zhòng 重量;分量。

---

① 详见本章附录《〈经史动静字音〉〈现代汉语词典〉(修订本)异读字比较表》。

② 刘鉴:《经史动静字音》,转摘自郑奠、麦梅翘编《古汉语语法学资料汇编》第 168—173 页《宋,贾昌朝〈群经音辨〉;元,刘鉴〈经史动静字音〉(附笺证)合钞》,中华书局 1964 年。据贾昌朝《群经音辨》卷六第 135－138 页校改,见《丛书集成初编》(1208),中华书局 1985 年。

③ 中国社会科学院语言研究所词典编辑室编:《现代汉语词典》(修订本),商务印书馆 1996 年。释文略有调整。

数	色主切，上声 计之也。	数	shǔ 查点（数目）。
	色句切，去声 计之有多少曰数。		shù 数目。
			shuò 屡次。
量	龙张切，平声 酌也。	量	liáng 估量。
	龙向切，去声 酌之有大小曰量。		liàng 能容纳或禁受的限度。
度	徒洛切，入声 约也。	度	duó 推测；估计。
	徒故切，去声 约之有长短曰度。		dù 计量长短。
长	持良切，平声 永也，对短之称。	长	cháng 两点之间的距离大（跟“短”相对）
	持亮切，去声 揆长几许曰长。		zhǎng 生长；成长。
折	之舌切（旨列切） 屈也。	折	zhē 翻转。
	市列切（常列切） 既屈曰折。		zhé 断；弄断；折叠。
			shé 断（多用于长条形的东西）。
别	律列切（彼列切） 辨也。	别	bié 分离；区分。
	皮列切 既辨曰别。		biè［方］改变别人坚持的意见或习性（多用于“别不过”）。
缝	符容切，平声 紩（zhì）也。	缝	féng 用针线将原来不在一起或开了口儿的

东西连上。

符用切，去声 既然(zhì) fèng 接合的地方。

曰缝。

上引《经史动静字音》例，与《现代汉语词典》有关条目比较，尽管义项不全对号，同字异音却是不可否认的现象。更值得我们注意的是，古代学者的同字异音是根据句读分析逐步归纳整理出来的，完全归于“蒙师”无事生非，并不是公正的评价。

(3)动静字例

关于动静字的研究，清代学者用力颇多，在宋、元、明研究的基础上，又有新的进展。清代谢鼎卿在《虚字阐义》中说：

《字诂》字有分体用动静者，如“号令”、“政令”，实字也，其义体也，其声静也(音“零”，去声)；“使令”之“令”，活字也，其义用也，其声动也(音“零”)。按此例至宋代始分析精密，然而字音犹多死活并用，如“学问”、“学校”同音，“明察”、“光明”同音，攻门曰“门”，音等“门户”，筑城曰“城”，音等“城郭”之类，其例亦多有未尽拘者。盖经师强分体用，而古义元自博通，故未归一律。于今《韵府》未分析处，可悉仍之，不必过繁，既分析处，则别嫌明微，未可混读也。(谢鼎卿《虚字阐义》卷二第18页)

引文中的《字诂》，是一部解释字义的书，明末清初学者黄生撰。黄生生于明熹宗天启二年(公元1662年)，卒年不详。《字诂》取经史群书语词，考辨其音义，订正讹误，成绩颇为突出。《韵府》至今能见到的有两部：一为宋元之际阴时夫撰的《韵府群玉》，一为清代雷浚辑的《韵府钩沉》。《韵府钩沉》成书于光绪十三年(1887 年),已是清末。谢鼎卿可能是指前书。引文中的例字“令”、“学”、“明”、“门”、“城”五字,其中动静异读的“令”,在元代刘鉴的《经史动静字音》中已经注明。谢鼎卿对动静字音取的是豁达的态度,《韵府》没有分别的,“可悉仍之,不必过繁”;《韵府》已经注明的,“则别嫌明微,未可混读”。的确,自古以来,动静字并非总是异读的。再者,若按“凡实皆可虚,凡死皆可活”的情况都有异读,那就非弄得一塌糊涂不可。

清代王筠在《说文解字句读》中多处论及动静字,下面摘录其中数条:

> (52)蒂,《说文》:“瓜当也。”《声类》:“蒂,果鼻也。”《系传》:“当,底也。故韩子曰‘玉卮无当也’。”筠案:“当”不宜训“底”。……直取“正相当值”之义,用动字为静字耳。案:“蒂”盖后起之专字,古盖借“疐(zhì)”字。……知“疐”是物名。然疏谓之“脱华处”,似非。《释木》:“枣、栗曰疐之。”枣、栗固无脱华处也。孙叔然注曰:“疐之,去柢也。”是以静字作动字也。《集韵》“蒂”与“柢”、“疐”同音。……盖“疐”即“蒂”也。[①]

王筠注意到,“当”本动字,可用为静字;“疐”本物名,静字,可用作动字。

> (53)盖,《说文》:“苫也。”《释器》:“白盖谓之苫。”“苫”、“盖”物名,而“苫之”、“盖之”,用为动字。(王筠《说

① 王筠:《说文解字句读》第 30 页,中华书局 1988 年。下引此书,只注书名和页码。

文解字句读》第 33 页）

(54)迹，《说文》："籀文'迹'从朿(jì)，蹟或从足责。"《玉篇》以"蹟"别为一字，引诗及传曰："念彼不蹟。""不蹟"，不循道也。然循道仍是践迹之谓，特动静异耳。[1]（王筠《说文解字句读》第 60 页）

(55)连，《说文》："负连也。"谓"负之"、"连之"也，盖汉人常语。"连"俗作"摙"。《玉篇》："摙，力翦切，运也。"《广韵》："摙，担，运物也。"《诗》："我任我辇。""任"即负也，"辇"即连也。……筠案："连"本车名。《周礼》"巾车"，连车组挽是也。"辇"亦车名。……许君说"连"以负连，厕辇于輂挽之间以为动字者。《毛诗》、《周官》、《左传》多用为动字也。（王筠《说文解字句读》第 63 页）

(56)眷，《说文》："顾也。"字亦作"睠"。《诗·小明》："睠睠怀顾。"《大东》："睠言顾之。""眷"、"顾"同意，而诗连言之者，"眷"作动字，"顾"作静字耳。（王筠《说文解字句读》第 117 页）

例(53)"苫"、"盖"都是物名，当为静字，句读中可用为动字。例(54)"迹"、"蹟"本是同一个字的异体。若以"蹟"别为一字，作动字解，那静字"迹"和动字"蹟"就一分为二了。1955 年《第一批异体字整理表》又将它们合而为"迹"。例(55)"连"、"辇"都是车名，当为静字，《说文》作动字解，先秦典籍"多用为动字"。例(56)"眷"、"顾"都是动字，句读中可用为静字。《小

[1] 《说文解字》原文为："迹，步处也。从辵亦声，资昔切。蹟，或从足责。速，籀文迹从朿。"《说文解字》第 39 页，中华书局 1963 年。

明》"眷眷怀顾"意思是眷眷难忘胸怀顾念,"怀顾"的"顾"为静字。《大东》"眷言顾之"意思是回过头来看他。"顾之"的"顾",当为动字,不是静字。或解作"眷然顾兮","顾"仍为动字。

(57)粪,《说文》:"弃除也。"……经史言"粪"、言"粪除"者甚多,故许君"粪除"说"粪",谓其单言复语同义也。"粪"本动字,《孟子》"百亩之粪",《老子》"却走马以粪",则用为静字。(王筠《说文解字句读》第137页)

(58)几(jǐ),《说文》:"微也,殆也。"……案:"微也"是静词,"殆也"是动词,故两言之。(王筠《说文解字句读》第137—138页)

例(57)"粪",《说文》解为动字义,王筠说"'粪'本动字"。可从书例看,"粪"作静字义先出,动字义后出。也就是,先是实字,后借用为虚字。这符合汉字发展的一般规律。例(58)"几",古通"机"。"微也"义的例,如:《周易·系辞》:"君子见几而作。""殆也"义的例,如:"汉之为汉,几四十年矣。"(贾谊《论积贮疏》)值得注意的还有,这里出现了现代语法学中的"静词"、"动词"的说法。

从古代学者对动静字的分析可以知道,动字、静字主要是研究同一个字的不同用法和不同的读音。正如清代学者谢鼎卿所说,"号令"、"政令"之"令","实字也,其义体也,其声静也","'使令'之'令',活字也,其义用也,其声动也"。如今,"令"字在这两个义项是没有异读的,均读 lìng,"令"在别的用法上仍有异读。如:"令狐"读 línghú,无论是姓还是古地名,都读这个音;"一令纸"的"令"作为量词,读 lǐng,这是英语

ream 的音译词。可是，如果将动字、静字这对概念扩大到包含所有的字，则跟死字、活字的概念在内涵、外延上相重叠。即动字指今之动词及活用为动词的各类词，静字是指名词、形容词、数量词等。所以，近人马相伯（公元 1840—1937 年）说：

> 自来吾国文字，止分虚实死活。死活今虽称动静，而所重则仍在虚实，实字虚用，虚字实用。如《原道》"人其人"，上一"人"字，虚用也。《孟子》："'白羽'之'白'也，犹'白雪'之'白'。"下二"白"字，实用也；上二"白"字，死字也。"'白马'之'白'也，无以异于'白人'之'白'也。"则上二"白"字，活字也。盖与"彼白而我白之"之"白"同。[①]或曰，活字者，谓其使然而然也；然则死字者，谓其已然之然也。故与静字义相符。然"白"字形声，始终若一，后人间以平仄，强为区别，如"绍闻衣德言"之"衣"是矣。[②]

马相伯的弟弟马建忠（公元 1845—1900 年）著《马氏文通》，绝口不提死字、活字，只论动字、静字，这就是马相伯"死活今虽称动静"的具体表现。可马建忠的动字、静字概念是按西方语法学的框架改造过的，跟古汉语句读学中的动字、静字已很不

---

① 《孟子·告子上》原文为："孟子曰：生之谓性也，犹'白'之谓白与？曰：然，'白羽'之'白'也，犹'白雪'之'白'。…… ""孟子曰：何以谓'仁内义外'也。曰：'彼长而我长之'，非有长于我也，犹'彼白而我白之'，从其白于外也，故谓之外也。曰：异于'白马'之'白'也，无以异于'白人' 之'白'也。"（《孟子注疏》第八十四页，《十三经注疏》下册第 2748 页，中华书局 1980 年）从引文看，"白羽"、"白雪"、"白马"是一类，"白"为虚死字；"彼白"、"我白"、"白人"是一类，"白"为虚活字。马相伯引文不全，出现理解上的失误。

② 马相伯：《马氏文通外编》，引文转引自郑奠、麦梅翘编《古汉语语法学资料汇编》第 110 页，中华书局 1964 年。

相同了。《马氏文通》的界说是：

界说四 凡实字以言事物之行者，曰动字。

界说五 凡实字以肖事物之形者，曰静字。（第 21 页）

《文通》的动字即现代语法学中的动词，静字即现代语法学中的形容词（包括数词）。这已不是我们要讨论的范围了。所以，我们说，《马氏文通》是中国现代语法学的开始，也是中国传统句读学的终结。

古汉语句读中的动字、静字，是指同一个字的不同用法。这些经常有不同用法的字，有的出现不同的读音，这就是宋代学者贾昌朝和元代学者刘鉴研究的动静字音。现代汉语的同字异义异音现象，正是古汉语动字、静字和动静字音的延续和发展。

附录:《经史动静字音》《现代汉语词典》（修订本）异读字比较表

	《经史动静字音》①		《现代汉语词典》②
王	于方切,平声 君也。	王	wáng 君主
	于放切,去声 君有天下曰王。		wàng 古代称君主有天下。
妻	七奚切,平声 与夫齐者也。	妻	qī 妻子
	七计切,去声 以女适夫曰妻。		qì 把女子嫁给(某人)。
亲	七邻切,平声 姻也。	亲	qīn 婚姻。
	七吝切,去声 婚姻相谓曰亲。		qìng 亲家,两家儿女相婚配的亲戚关系。
衣	於希切,平声 身章也。	衣	yī 衣服。
	於既切,去声 施诸身曰衣。		yì 穿(衣服);拿衣服给人穿。
冠	古桓切,平声 首服也。	冠	guān 帽子。
	古玩切,去声 加诸首曰冠。		guàn 把帽子戴在头上。
饮	於锦切,上声 酒浆也。	饮	yǐn 喝,有时特指喝酒。
	於禁切,去声 所以歠(chuò)曰饮。		yìn 给牲畜水喝。
膏	古刀切,平声 脂凝也。	膏	gāo 脂肪。
	古到切,去声 所以润物曰膏。		gào 在轴承或机器等经常转动发生摩擦的部分加润滑油。
熏	许云切,平声 烟出也。	熏	xūn (烟、气等)接触物休,使变

① 刘鉴:《经史动静字音》,转摘自郑奠、麦梅翘编《古汉语语法学资料汇编》第168—192页《宋,贾昌朝〈群经音辨〉;元,刘鉴〈经史动静字音〉(附笺证)合钞》,中华书局1964年。据贾昌朝《群经音辨》卷六第135—149页校改,见《丛书集成初编》(1208),中华书局1985年。

② 中国社会科学院语言研究所词典编辑室编:《现代汉语词典》(修订本),商务印书馆1996年。释文略有调整。

			颜色或沾上气味。
	许运切,去声 所以薧(kào)物曰熏。		xùn (煤气)使人窒息中毒。
采	仓宰切,上声 取也。	采	cǎi 摘(花儿、叶子、果子)。
	仓代切,去声 所以取食曰采。		cài [采地],也叫采邑。
空	苦红切,平声 虚也。	空	kōng 不包含什么。
	苦贡切,去声 虚之曰空。		kòng 腾出来;使空。
重	直龙切,平声 更为也(再也)。	重	chóng 重复;重新。
	直用切,去声 再之曰重。		zhòng 重量;分量。
数	色主切,上声 计之也。	数	shǔ 查点(数目)。
	色句切,去声 计之有多少曰数。		shù 数目。
			shuò 屡次。
量	龙张切,平声 酌也。	量	liáng 估量。
	龙向切,去声 酌之有大小曰量。		liàng 能容纳或禁受的限度。
度	徒洛切,入声 约也。	度	duó 推测;估计。
	徒故切,去声 约之有长短曰度。		dù 计量长短。
长	持良切,平声 永也,对短之称。	长	cháng 两点之间的距离大(跟“短”相对)。
	持亮切,去声 揆长几许曰长。		zhǎng 生长;成长。
折	之舌切(旨列切) 屈也。	折	zhē 翻转。
	市列切(常列切) 既屈曰折。		zhé 断;弄断;折叠。
			shé 断(多用于长条形的东西)。
别	律列切(彼列切) 辨也。	别	bié 分离;区分。
	皮列切 既辨曰别。		biè [方] 改变别人坚持的意见或习性(多用于“别不过”)。
缝	符容切,平声 紩(zhì)也。	缝	féng 用针线将原来不在一起

			或开了口儿的东西连上。
	符用切，去声 既紩曰缝。		fèng 接合的地方。
尽	即忍切　极也。	尽	jǐn 力求达到最大限度。
	慈刃切（慈忍切）既极曰尽。		jìn 完；达到极端。
分	方云切，平声 别也。	分	fēn 使整体事物变成几部分或使联在一起的事物离开。
	扶问切，去声 既别曰分。		fèn 成分。
解	古买切（佳买切）释也。	解	jiě 分开。
	胡买切　既释曰解。		jiè 解送。
			xiè 懂得；明白。
行	户庚切，平声 履也。	行	xíng 走。
	下孟切，去声 履迹曰行。		háng 行列。
			hàng 树行子。
			héng 道行。
相	息良切，平声 共也。	相	xiāng 互相。
	息亮切，去声 共助曰相。		xiàng 辅助；相貌。
奔	逋昆切（逋门切）平声 趋也。	奔	bēn 奔走；急跑。
	逋闷切（布寸切）去声 趋走曰奔。		bèn 直向目的地走去。
散	苏亶（dǎn）切，上声 分也。	散	sǎn 没有约束；松开。
	苏岸切，去声 分布曰散。		sàn 由聚集而分离；散布。
还	胡关切，平声 回也。	还	huán 返回原来的地方或恢复原来的状态。
	胡惯切，去声 回绕曰还。		hái 表示现象继续存在或动作继续进行。
和	户戈切，平声 调也。	和	hé 平和；和缓；连带。
	胡卧切，去声 调繁曰和。		huò 在粉状物中加液体搅拌或揉弄使有黏性。
调	徒聊切，平声 和也。	调	tiáo 配合得均匀合适。
	徒料切，去声 和适曰调。		diào 调动；分派；调查。
强	其良切，平声 坚也。	强	qiáng 力量大（跟“弱”相对）

	其亮切,去声 坚固曰强。		jiàng 坚强不屈;固执。
			qiǎng 勉强。
著	陟略切(张略切) 置也。	著	zhù 显著。
	直略切　置定曰著。		zhuó 穿(衣);接触;派遣。
陈	池珍切,平声 列也。	陈	chén 安放;摆设。
	直刃切,去声 成列曰陈。		zhèn [古]又同"阵",指作战队伍的行列或组合方式。
应	於陵切,平声 当也。	应	yīng 应该。
	於证切,去声 相当曰应。		yìng 满足要求;顺应;适应。
当	都郎切,平声 宜也。	当	dāng 相称。
	都浪切,去声 得宜曰当。		dàng 合宜;合适。
将	即良切,平声 持也。	将	jiāng 搀扶;领。
	即亮切,去声 持众者曰将。		jiàng 将官;将领。
			qiāng 愿;请:将进酒。
监	古衔切,平声 莅也。	监	jiān 从旁察看;监视。
	古陷切,去声 莅事者曰监。		jiàn 古代官府名。
中	陟弓切,平声 任也。	中	zhōng 跟四周的距离相等;中心。
	陟仲切,去声 任得宜曰中。		zhòng 正对上;恰好合上。
间	古闲切,平声 中也。	间	jiān 中间。
	古苋切,去声 厕其中曰间。		jiàn 空隙;嫌隙;隔阂。
观	古完切,平声 视也。	观	guān 看。
	古玩切,去声 谓视曰观。		guàn 道教的庙宇。
号	胡刀切,平声 呼也。	号	háo 拖长声音大声叫唤。
	胡到切,去声 谓呼曰号。		hào 号令;号筒。
禁	居吟切,平声 制也。	禁	jīn 禁受;忍住。
	居荫切,去声 制谓之禁。		jìn 禁止;监禁。
知	张离切,平声 识别也。	知	zhī 知道。
	张义切,去声 识谓之知。		zhì [古]又通"智",有智慧。
论	鲁昆切,平声 说也。	论	lún 论语。
	鲁困切,去声 说言谓之论。		lùn 分析和说明事理。

好	呼皓切,平声 善也。 呼到切,去声 向所善谓之好。	好	hǎo 优点多的;使人满意的。 hào 喜爱。
恶	乌各切 否也。 乌路切 心所否谓之恶。	恶	è 很坏的行为;犯罪的事情。 wù 讨厌;憎恨。 ě 恶心。
操	七刀切,平声 持之也。 七到切,去声 志有所持谓之操。	操	cāo 抓在手里;拿。 cào 同"肏"。
语	仰举切,上声 言也。 牛据切,去声 以言告之谓之语。	语	yǔ 话;说。 yù 告诉。
令	力丁切,平声 使也。 力政切,去声 所使之言谓之令。	令	líng 令狐。 lìng 命令。 lǐng 量词。
教	古肴切,平声 使也。 古孝切,去声 所使之言谓之教。	教	jiāo 把知识或技能传给人。 jiào 教导;教育。
雨	王矩切,上声 天泽也。 王遇切,去声 谓雨自上下曰雨。	雨	yǔ 从云层中降向地面的水。 yù 下(雨、雪等)。
宿	思六切(息逐切) 止也。 思宥切(息救切) 谓日星所止舍曰宿。	宿	sù 夜里睡觉。旧有的。 xiǔ 量词,用于计算夜。 xiù 星宿,某些星的集合体。
种	之陇切,上声 五谷也。 之用切,去声 谓播谷曰种。	种	zhǒng 物种的简称。 zhòng 种植。 chóng 姓。
经	古灵切,平声 东西也。 古定切,去声 谓东西其纬曰经。	经	jīng 织物上纵的方向的纱或线。经过。 jìng 织布前把纱或线绷紧梳整,使成为经纱或经线。

载	作代切，去声 舟车以致物也。浊音	载	zài 装载。姓。又；且。
	昨代切，去声 谓所致物曰载。清音		zǎi 年。记载。
藏	徂郎切，平声 入也。	藏	cáng 躲藏；隐藏。
	徂浪切，去声 谓物所入曰藏。		zàng 储存大量东西的地方。佛教或道教的经典的总称。指西藏。
处	昌吕切，上声 居也。	处	chǔ 居住。
	昌据切，去声 谓所居曰处。		chù 地方。
乘	食陵切，平声 登车也。	乘	chéng 乘坐，用车船或牲畜代步。进行乘法运算。
	食证切，去声 谓其车曰乘。		shèng 春秋时晋国的史书叫乘。古代称四匹马拉的车一辆为一乘。
卷	居兖切，上声 曲也。	卷	juǎn 把东西弯转裹成圆筒形。
	居恋切，去声 谓曲者曰卷。（谓其曲曰卷。）		juàn 书本（古代竹帛书卷）。
要	与招切（伊消切），平声 约也。	要	yāo 求。强迫；威胁。姓。
	於笑切，去声 谓约书曰要。		yào 重要。希望的得到或保持。
传	直专切，平声 授也。	传	chuán 由甲交给乙。
	直恋切，去声 记所授曰传。		chuàn 解释经文或记述人、事的著作。
称	尺蒸切，平声 举也。	称	chēng 叫。测定重量。举。
	尺证切，去声 举事得宜曰称。		chèn 适合；相当。
			chèng 秤，测定物体重量的器具。
兴	虚凌切，平声 举也。	兴	xīng 兴盛；流行。
	许应切，去声 举物寓意曰兴。		xìng 兴致；兴趣。
累	力水切，上声 连也。	累	lěi 积累。牵连。

	力伪切，去声 牵连为败曰累。		lèi 疲劳。
			léi 憔悴颓丧的样子。连接成串。
与	羊主切，上声 授也。	与	yǔ 给。跟；和。
	余虑切，去声 授而共之曰与。		yù 参与。
			yú 同“欤”。
难	乃千切，平声 艰也。	难	nán 做起事来费事的。
	乃旦切，去声 动而有所艰曰难。		nàn 不幸的遭遇；灾难。
			nuó 〈古〉又同“傩”。
系	古诣切（吉诣切） 属也。	系	xì 系统。牵挂。拴；绑。是。
	胡计切 属而有所箸曰系。		jì 打结；扣。
为	委支切，平声 造也。	为	wéi 做；作为。
	于伪切，去声 造而有所徇曰为。		wèi 帮助。
属	章玉切（之欲切） 联也。	属	zhǔ 连缀；连续。
	时玉切，去声 联而有所系曰属。		shǔ 类别。隶属。
假	古雅切，上声 取於人曰假。	假	jiǎ 虚伪的。借用。
	古讶切，去声 与之曰假。		jià 按规定或经批准暂不工作或不学习的时间。
风	方戎切，平声 上化下曰风。	风	fēng 空气流动。风气；风俗。
	方凤切，去声 下刺上曰风。		fěng 〈古〉又同“讽”。
见	古甸切（古电切） 上临下曰见。视之曰见。	见	jiàn 看到；看见。
	胡甸切（胡彦切） 下朝上曰见。示之曰见。		xiàn 表露在外，使人可见。
共	九容切，平声 上赋下曰共。	共	gōng 〈古〉又同“恭”，“供”。
	九用切，去声 下奉上曰共。		gòng 相同的；共同具有的。
遗	以追切，平声 有所亡曰遗。	遗	yí 遗失的东西。
	羊季切，去声 有所与曰遗。		wèi 赠与；送给。
更	古衡切，平声 因故而改曰更。	更	gēng 改变；改换。

	古孟切，去声 舍故而作曰更。		gèng 更加。再；又。
畜	敕六切 聚谓之畜。	畜	chù 禽兽，多指家畜。
	许六切 养谓之畜。		xù 畜养。
丧	息郎切，平声 死亡曰丧。	丧	sāng 跟死了人有关的(事情)。
	息浪切，去声 失亡曰丧。		sàng 丧失。
还	音旋，亦音全 复之速曰还。	还	huán 返回原地或恢复原状。
	户关切(音圜) 缓曰还。		hái 表现象或动作在继续。
大	徒盖切 凡广曰大。	大	dà 在积、量、度等方面超过一般或超过比较的对象。
	土盖切 其极曰大。		tài〈古〉又同“太”“泰”。
			dài 用于“大夫、大王”等。
少	施沼切，上声 凡微曰少。	少	shǎo 数量小。
	施照切，去声 其降曰少。		shào 年纪轻。
会	胡沛切(胡外切) 相合为会。	会	huì 聚合；合在一起。理解；懂得。付账。
	古内切(古外切) 聚合为会。		kuài 总计。
降	古巷切，去声 下谓之降。	降	jiàng 落下。姓。
	户江切，平声 伏谓之降。		xiáng 投降；降伏。
乐	五角切 声合曰乐。	乐	yuè 音乐。姓。
	力各切(卢各切) 志合曰乐。		lè 快乐。姓(与 yuè 不同姓)。
朝	陟遥切 旦日曰朝。	朝	zhāo 早晨。日；天。
	直遥切 旦见曰朝。		cháo 朝廷；朝代；朝见；朝拜。
食	时力切，凡食物也 餐谓之食。	食	shí 吃。吃的东西。
	音寺(祥志切) 饷谓之食。		sì 拿东西给人吃。
			yì 用于人名。
刺	七亦切，入声 剚(zì)谓之刺。	刺	cì 尖东西进入或穿过物体。
	七赐切，去声 伤谓之刺。		cī 象声词。
父	音甫 人之美称曰父。	父	fǔ 老年人。同“甫”，古代加在男子名字下面的美称。
	扶雨切 家之尊称曰父。		fù 父亲。家族或亲戚中的长辈男子。

合	古盍切	牵和曰合。	合	gě	容量单位。
	胡阁切	自和曰合。		hé	闭；合拢。
上	时亮切	居高定体曰上。	上	shàng	位置在高处或低处到高处。
	时掌切	自下而升曰上。		shǎng	四声之一；上声。

六　句读分析的作用

古代学者的句读分析，绝不是为分析而分析，他们有实用的追求，也有理论的探讨。句读之学是理论跟实践相结合的学问。最初的句读分析着重在阅读，后来逐步强调要指导写作。句读之学是为读写服务、是跟读写结合的。正因为如此，古代读书人一刻也离不开它。

1. 指导阅读

古代学者的句读分析，最初是为辨明经典的文意服务的。正因为如此，许多学者把它看作经学的附庸，把句读看作是训诂的一部分。可是训诂学是研究词义的学科，我国的传统主要还是在研究字义，而句读学是研究句、读、字的组织规律的学科，两者的研究对象是各不相同的。清代江藩说"说经必先审句读"，正是因为句读分析对辨明文意是必不可少的，在一定的条件下，甚至起着决定性的作用。正如《经史动静字音》在句读中才能辨明字音一样，我们既不能把句读归之于音韵的一部分，同样，句读也不能归之为训诂的一部分。

就阅读方面具体说来，句读分析大致有以下三种作用：(1)明文意；(2)知句法；(3)定规则。

(1)明文意

古书一般是没有标点的,读书的第一道关卡就是断句。断句不同,文意有别;断句错误,面目全非。凭借什么断句?凭句读分析,凭对句读分析的理论和方法理解、掌握的程度,就可以判别断句的正误,水平的高低。明辨句读是读懂古书的起点。汉儒研习经书就开始注意句读,何休说"援引他经,失其句读",指的就是把句读结构弄乱了。逐步兴起的句读符号圈和点,只用于读书标识,颇不一致,谈不上规范,一般不用于写作,也不用于书籍抄本。

句读分析对阅读中辨明文意的重要性是十分清楚的。例如:

(1)子曰:"民可使由之,不可使知之。"集解:"由",用也。可使用而不可使知者,百姓能日用而不能知。疏:……此章言圣人之道深远,人不易知也。"由",用也。民可使用之而不可使知之者,以百姓能日用而不能知故也。(魏何晏集解、宋邢昺疏《论语注疏》第31页)

孔子的这句话,经"解"、"疏"释意,近两千年间已成定规。假若不顾这个定规,而作如下分析,语意就大不相同了。如:

A、民可使,由之;不可使,知之。

B、民可,使由之;不可,使知之。

又如:

(2)仲尼曰:"志有之,言以足志,文以足言。不言,谁知其志。言之无文,行而不远。"集解:"足",犹成也。虽得行,犹不能及远。(晋杜预集解、唐孔颖达疏《春秋左传正义》第283页)

例(2)主要问题不在断句，而在凭借句读的类比性以明文意。这里，孔子的三句话，第一句说明“志”、“言”、“文”三者的关系，第二句说明“言”的重要性，第三句说明“文”的重要性。由此可知，志、言、文三者的关系是并列的。若按通常的解释，“文”指文采，那三者的并列关系就难以成立了。看来，比较合理的解释当是，“文”指形诸文字，或文章。克服了时空限制的文字、文章，才有利于“足言”，有利于“足志”，才能行而致远。孔子自己就是这样身体力行的。

东汉高诱注《淮南子》，《俶(chù)真训》中有这样一句：

(3)孔墨之弟子，皆以仁义之术教导於世，然而不免於傴身，犹不能行也，又况所教乎。注：“傴身”，身不见用傴傴然也。……《道德经》：“傴傴兮若无所归。”(刘安著、高诱注《淮南子》第30页)[1]

例(3)清代王念孙主张“‘身’字下属为句”，并引《吕览》句为证[2]。应该说，此句“身”字属上或属下，意思是基本一致的。按《说文》：“傴，败也。坏败之貌。”王筠《说文解字句读》注：“《寡妇赋》：‘容貌傴以顿悴兮。’……《礼记》：‘丧容傴傴。’”由此可知，“傴”一为坏败义，一为憔悴义。汉班固《白虎通·寿命》有“傴傴如丧家之狗”句，“傴傴”义同。从句法上看，上引《淮南子》句为正反句式，即上正而下反，“身”属下句有理。全句为：“孔墨之弟子，皆以仁义之术教导於世，然而不免於傴。

---

① 《诸子集成》(7)，上海书店出版社1986年。

② 《吕览》，后通名《吕氏春秋》，王念孙引文见《有度》篇，原句为：“孔墨之弟子徒属充满天下，皆以仁义之术教导于天下，然而无所行。教者术犹不能行，又况乎所教？”《诸子集成》(6)第321页，上海书店出版社1986年。

身犹不能行也，又况所教乎。”

(2)知句法

句法即句子的组织形式，也就是构句之法。

唐代孔颖达在《毛诗正义》中就说：

句者，联字以为言，则一字不制也。……句字之数，四言为多，唯以二三七八者，将由言以申情，唯变所适，播之乐器，俱得成文故也。诗之大体，必须依韵，其有乖者，古人之韵不协耳。(孔颖达《毛诗正义》第6页)

《诗经》依韵为句，可也有不协韵的；四言句为多，也有二字、三字、七字、八字为句的，原因在于“由言以申情，唯变所适，播之乐器，俱得成文”。

前面说到，宋代洪迈提出：“作文旨意句法，固有规仿前人，而音节铿亮不嫌于同者。”元代陈绎曾说：“书料者，古事也，精意也，句法也，字样也，制度名物也，助辞之变例也。”(《文说》第15页)这里一口气列了六项“书料”，可句法、助辞、字样三项都是有关组读构句的事。陈绎曾大约是为了句式整齐，先说语义内容的事，后说语言表达的事，这就成了“古事”、“精意”跟“句法”、“字样”并列，“制度名物”跟“助辞之变例”并列，否则，六项书料就成了没有规律的杂拌。

清代王念孙(公元1744—1832年)著《读书杂志》，长于校雠(chóu)，句读分析正是他辩正古籍写校之误的有力武器。这里仅举一例：

(4)《文选·吴都赋》：“若此者，与夫唱和之隆响，动钟鼓之铿耾，有殷坻颓於前，曲度难胜。”念孙案：“与夫唱和之隆响”二句，句法参差，而文义不协，“与夫”二字乃一“举”字之误。“举”亦动也。“举唱和之隆响，动钟鼓之铿耾”，句法正相对。“有殷坻颓於前”，“於前”二字，后人所加也。“有殷坻颓”，言其声殷然若坻颓也。句法与《诗》“有弥济盈，有鷕（yǎo）雉鸣”相似。若云“有殷坻颓於前”，不成句法。且“有殷坻颓，曲度难胜”，皆以四字为句，若上句多二字，则句法参差矣。后人以李周翰注云“其声若山颓於前”，故加“於前”二字。不知李注自加“於前”二字，以申明其义，非正文所有也。不审文义，而据注妄增，其失甚矣。①

《吴都赋》为晋代左思所作。王念孙的辨正，从句读分析看出，引句两处“句法参差”。前一处上读多一字，断定是“举”字被一分为二，这是传抄之误。后一处上句多二字，断定“於前”为后人所加。理由有四：一有《诗·匏（páo）有苦叶》句式为证②；二因加二字后“不成句法”；三是赋体讲究节律，不容“句法参差”；四是“不审文义，而据注妄增”。这里可以说是句读分析起了决定性的作用。

我们再看《礼记·乐记》中的一例：

(5)凡音者，生人心者也。情动于中，故形于声；声成文，谓之音。是故治世之音，安以乐，其政和；乱世之音，怨以怒，其政乖；亡国之音，哀以思，其民困。声音之道，与政通矣。注：“治世之音”，绝句。“安以乐”，音洛，绝

① 王念孙：《读书杂志·余编下》第十五页，扫叶山房1924年石印。

② 孔颖达等：《毛诗正义》第三十五页，《十三经注疏》上册第303页，中华书局1980年。

句。雷读上至“安”，绝句。“乐”，音岳，“以乐”二字为句，“其政和”。崔读上句依雷，下“以乐其政和”总为一句。下“乱世”、“亡国”，各放（今当作“仿”）此。疏：上文云，音从人心生乃成为乐，此一节明君上之乐随人情而动。若人情欢乐，乐音亦欢乐；若人情哀怨，乐音亦哀怨。（东汉郑玄注、唐孔颖达疏《礼记正义》第 299 页）

上例列举的雷书、崔书，今不得见。按注文所释，共有如下三种断句：

雷读：是故治世之音安，以乐，其政和；乱世之音怨，以怒，其政乖；亡国之音哀，以思，其民困。

崔读：是故治世之音安，以乐其政和；乱世之音怨，以怒其政乖；亡国之音哀，以思其民困。

郑读：是故治世之音，安以乐，其政和；乱世之音，怨以怒，其政乖；亡国之音，哀以思，其民困。

此例在王力主编《古代汉语》中引文后有一段评述，事关句法，摘录如下：

《礼记·乐记》这一段话，从唐代起就有几种不同的断句法。《经典释文》载：“雷读上至安句绝，乐音岳，（‘以乐’）二字为句。崔读上句依雷，下‘以乐其政和’，总为一句。下‘乱世’‘亡国’各放此。”雷读、崔读都是错误的。因为这里的“以”字是连词，正如《经典释文》所指出的，它和“而”字的作用相同。“安以乐”就是“安而乐”，“怨以怒”就是“怨而怒”，“哀以思”就是“哀而思”。下文“其政”“其民”是主语，“和”“乖”“困”都是形容词作谓语。按照崔读断句，“以”只能看作介词，“乐”“思”“怒”

是动词谓语，“其政”“其民”是宾语，“和”“乖”“困”无所隶属。汉语没有这种句法结构，因此“以乐”“以怒”“以思”只能属上句。[①]

这里，有几点值得一说。第一，陆德明（公元约550－630年）的《经典释文》兼载诸儒之说，上面引的那段话，本是照录[②]郑玄的注文，非陆氏之见。教材引文不全，又漏“以乐”二字，文意就不连贯了。如此说来，“几种不同的断句法”不是“从唐代起”，而是从汉代起就有了。第二，郑玄所处的时代，“异端纷纭，互相诡激，遂令经有数家，家有数说，章句多者或有数百万言。学徒劳而少功，后生疑而莫正。郑玄括囊大典，网罗众家，删裁繁芜，刊改漏失，自是学者略知所归。”[③]以致唐章怀太子李贤注《后汉书》已有“郑学”之名。上引《乐记》那段话，郑注作为一说，唐儒陆氏、孔氏肯定，都没有问题。教材从现代语法学的角度说“以”是连词，作用同“而”，也可以理解。其中“音安”、“音乐”、“音怨”、“音怒”、“音哀”都说得过去，可“音思”似有不当。第三，关键问题是，教材编者说“按照崔读断句”，“汉语没有这种句法结构”。我们试看下例：

(6)《周礼·春官宗伯·内史》：内史掌王之八枋之法，以诏王治。……掌叙事之法，受纳访，以诏王听治。（东汉郑玄注、唐贾公彦疏《周礼注疏》第182页）

(7)《左传·僖公九年》：恐陨越于下，以遗天子羞。

---

① 王力主编：《古代汉语》下册（第一分册）第1061页，中华书局1963年。

② 参《经典释文》第196页，中华书局1983年。

③ 宋，范晔：《后汉书·郑玄传》第150页，《二十五史》(2)，上海古籍出版社、上海书店1986年。

敢不下拜？（晋杜预集解、唐孔颖达疏《春秋左传正义》第98页）

例(6)、例(7)中的“以诏王治”、“以诏王听治”、“以遗天子羞”，跟“以乐其政和”、“以怒其政乖”、“以思其民困”，当为同一句法。“诏”、“遗”是动词，“王治”、“王听治”、“天子羞”是主谓词组作宾语。“诏”告戒义。可见，古代是早有这种句法结构的。再者，“治世之音安，以乐其政和；乱世之音怨，以怒其政乖；亡国之音哀，以思其民困”，句法规整，符合《乐记》语义内容和结构形式，可作一说。

(3)定规则

句读分析在明文意、知句法的基础上，就不断地发现组读构句的规律，于是，古代学者又制定出组读构句的规则。就目前所见到的资料，元代程端礼归纳整理的“二、六原则”和20条规则，就是最突出的成果。程端礼根据教学的需要，从“批点经书”、“馆阁校勘”归纳出“二、六原则”，并用实例来说明。宋代朱熹（公元1130—1200年）一生主要精力用于聚徒讲学，研究学问，广注经籍。程端礼崇尚朱熹，“续补句读例”的20条规则，他就申明是“以朱子门人以下诸儒所点修之”[1]。例如：

规则(14)提解经文训诂，“某者，某也”之下意尽者，以“也”字为句。如贴解本意未尽者，虽“也”字亦为读，至

① 程端礼：《程氏家塾读书分年日程》卷二第23页，《四部丛刊续编》(49)上海书店1984年。详见本书第二章§3“宋元时期”。

意尽方为句。

第二章我们曾讨论过程氏“二、六原则”中的“‘者’、‘也’相应为读”，合而为句。规则(14)则是这条原则的发展。它扩大了“某者，某也”句式的范围，即“某者，某也”并不一定就是句，还得看下文意尽与否。这条规则虽就“提解经文训诂”来说，却具有普遍性。例如：

(8)凡音者，生人心者也。(《礼记·乐记》)

(9)凡音者，生于人心者也；乐者，通伦理者也。(同上)

(10)乐者，心之动也；声者，乐之象也；文采节奏，声之饰也。君子动其本，乐其象，然后治其饰。(同上)

(11)乐者，音之所生也，其本在人心之感于物也。(同上)

(12)乐也者，圣人之所乐也，而可以善民心，其感人深，其移风易俗，故先王著其教也。(同上)

(13)教者，民之寒暑也，教不时则伤世；事者，民之风雨也，事不节则无功。(同上)

(14)“凡音者，生人心者也”者，言君上乐音生於下民心者也。(唐孔颖达疏《礼记正义》第299页)

(15)“情动于中，故形于声”者，言在下人心情感君政教，善恶动于心中，则上文“感于物而后动”是也；既感物动，故形见于口，口出其声，则上文云“故形于声”者是也。(同上)

(16)“然则先王之为乐也，以法治也”者，言先王作乐以为治为法，若乐善则治得其善，若乐不善则治乖于法，

则前文“教不时则伤世”、“不节则无功”是也。（同上，第306页）

例(8)按“‘者’、‘也’相应为读”，合当为句。例(9)孤立看“‘者’、‘也’相应”，当为两句。可“二、六原则”中有“下有承上字为读”，这里的“乐”跟“音”显然有相承关系，故第一个“也”后为读，第二个“也”后方为句。例(10)三个“某者，某也”一个承一个，故均为读，第三个“也”后方为句。例(11)“某者，某也”之后“本意未尽”，意尽方为句。例(12)“某者，某也”后还有长段解说，也得意尽方为句。例(13)“教者”、“事者”的相承关系有如例(9)的“音者”、“乐者”，可“某者，某也”的后句跟它有“上正言而下反”的关系，当为读，“教者”、“事者”均意尽方为句。例(14)为“提解经文训诂”的句子，“某也”之下意已尽，“也”字为句。例(15)也是“提解经文训诂”的句子，“某者”之后有两个“某也”相应，分别解说“某者”中的“情动于中”和“故形于声”，句子虽较长，也需到第二个“也”字才是句。例(16)的“提解经文”若按“某者”引文，到“言先王作乐以为治为法”就应该是句了。可解经者紧接的话是进一步的说明，实际是解“某者”引文后的“善则行象德矣”一读，因而也需至意尽方为句。若从句读分析的相对性来说，例(16)“以为治为法”后可为读，亦可为句。关于引文，规则(10)、(11)说得相当清楚，请参阅第二章第3节“宋元时期”。

2. 指导写作

句读分析起源于阅读，并用来指导阅读，特别是用来指导读经，这是不错的。可几乎在同时，五经博士们就需教弟子模仿作文，因为，“言之无文，行而不远”。五经博士怎么具体地教弟子作文，我们不得而知，从程端礼《程氏家塾读书分年日程》大致可以知道当时的一些实情。程氏说：“读韩文。文法原于孟子、经、史，但韩文成幅尺间架耳。……韩文‘议论’、‘叙事’两体‘华实兼’者七十余篇，要认此两体分明后最得力。正以朱子考异，表以所广谢叠山批点。篇法、章法、句法、字法备见。日熟读一篇或两篇，亦须百遍成诵，缘一生靠此为作文骨子故也。既读之后，须反复详看。每篇先看主意，以识一篇之纲领。次看其叙述抑扬轻重，运意转换演证，开阖关键，首腹结末详略，浅深次序。既於大段中看‘篇法’，又于大段中分小段看‘章法’，又于章法中看‘句法’，句法中看‘字法’，则作者之心不能逃矣。……看他文皆当如此看，久之自会得法。今日学文能如此‘看’，则他日作文能如此‘作’，亦自能如此‘改’矣。”[①]这段话，程氏特别强调的正是“看”与“作”、读与写的关系。

我们在作句读分析时，是从句、到读、到字，当然，比句大的单位还有章、篇。我们在具体组读构句时，还得从用字入手，再到读、句、章、篇。汉代王充（公元 27—约 97 年）在《论衡·正说》中就说到：

> 夫经之有篇也，犹（有）章句也；有章句，犹有文字也。文字有意以立句，句有数以连章，章有体以成篇，篇则章句之大者也。谓篇有所法，是谓章句复有所法也。[②]

---

① 程端礼《程氏家塾读书分年日程》卷二第 3 页，《四部丛刊续编》(49)，上海书店 1984 年。

② 王充：《论衡》第 270 页，《诸子集成》(7)，上海书店出版社 1986 年。

王充论经的顺序是篇、章句、文字，可他论篇法、章句之法时，则是文字、立句、连章、成篇这样的顺序。这正是抓住了句读分析跟组读构句之间的同中有异、异中有同之处，这也是阅读和写作的相同和不同之处。

南朝齐梁人刘勰（公元约 465—约 532 年）在《文心雕龙·章句》中说得更为清楚。他说：

> 夫设情有宅，置言有位；宅情曰章，位言曰句。……夫人之立言，因字而生句，积句而成章，积章而成篇。篇之彪炳，章无疵也；章之明靡，句无玷也；句之清英，字不妄也；振本而末从，知一而万毕矣。[①]

刘勰认为，字是句之本，句是章之本，章是篇之本。古代学者不仅有字、句、章、篇方面的写作实践，而且注意总结字法、句法、章法等方面的规律。

明代王世贞（公元 1526—1590 年）在《艺苑卮（zhī）言》中说：

> 首尾开阖，繁简奇正，各极其度，篇法也。抑扬顿挫，长短节奏，各极其致，句法也。点缀关键，金石绮（qǐ）彩，各造其极，字法也。篇有百尺之锦，句有千钧之弩，字有百炼之金。（王世贞《艺苑卮言》卷一第 9 页）

王世贞的贡献在于，他归纳前人论述，给篇法、句法、字法划了一个比较明确的范围。我们就大致在这个范围内整理研究古代学者的成果。

---

① 刘勰：《文心雕龙·章句》，引文见周振甫《文心雕龙今译》第 306 页，中华书局 1986 年。

(1)炼字

传统句读学的炼字，是指用字的方法，包括字的提炼、字的习惯搭配、字的结构作用等。古代学者行文注重炼字，所以，一千多年前，刘勰在《文心雕龙》中给我们留下了《炼字》篇。他说：

> 是以缀字属篇，必须拣择：一避诡异，二省联边，三权重出，四调单复。……凡此四条，虽文不必有，而体例不无。若值而莫悟，则非精解。①

刘勰说的“避诡异”，就是避免不通行的怪僻字。他还说，“一字诡异，则群句震惊；三人弗识，则将成字妖矣。”②“两字诡异，大疵美篇；况乃过此，其可观乎！”③一个字怪异，上下句子都会让人感到难以理解；三个人都不认识的字，那就该算是字妖了。两个字怪异，会大损完美的篇章；若有更多的怪异字出现，那文章就会让人看不下去了。由此看来，怪异字实在是危害不浅。

“省联边”就是减少联用偏旁相同的字，“权重出”就是权衡重复出现的字，“调单复”就是调整笔画多和笔画少的字。他还说，“故善为文者，富于万篇，贫于一字，一字非少，相避为难也。”④“善酌字者，参伍单复，磊落如珠矣。”⑤善于写文章的人，写上一万篇，才华也不会用尽，有时却为找一个恰当的字

---

① 刘勰：《文心雕龙·练字》，引文见周振甫《文心雕龙今译》第 346－347、345、347 页，中华书局 1986 年。

② 同①。

③ 同①。

④ 同①。

⑤ 同①。

而为难。找一个字的难不是因为少，而是因为要避免重复而感到困难。而善于斟酌用字的人，参合笔画的简单复杂，语句磊落就像串起来的珠子。

刘勰论用字既考虑作者，也考虑读者；既注重字义，也注重字形；既顾及文气，也顾及书法。他能涉及这么几个方面，实在是深入研究的成果。他还说："改章难于造篇，易字艰于代句，此已然之验也。"[①]的确，改文章有时比写文章还难，换一个字有时比另造一个句子还费劲，这是许多人都有亲身体验的。

字是基础，不能不炼，可炼字又根据什么呢。宋代魏庆之说：

> 炼句不如炼字，炼字不如炼意，炼意不如炼格。以声律为窍，物象为骨，意格为髓。（魏庆之《诗人玉屑》卷八《锻炼·炼格》）

这里的"意格"，当指文意的品格。文意的品格，这就是炼字的根据。

下面我们看古代学者炼字的一些典型实例，从中可以得到更具体的收益。先看宋代欧阳修（公元1007—1072年）《六一诗话》中的一例。例如：

> (17)陈公时偶得杜集旧本，文多脱误。至《送蔡都尉》诗云："身轻一鸟"，其下脱一字，陈公因与数客各用一字补之。或云"疾"，或云"落"，或云"起"，或云"下"，莫能

---

① 刘勰：《文心雕龙·附会》，引文见周振甫《文心雕龙今译》第375页，中华书局1986年。

定。其后得一善本，乃是“身轻一鸟过”。陈公叹服，以为虽一字，诸君亦不能到也。①

例(17)“杜集”指杜甫的《杜工部集》。《送蔡都尉》原诗题为《送蔡希曾都尉还陇右因寄高三十五书记》，题记：“时哥舒奏，勒蔡子先归。”全诗共十韵，前四韵是：“蔡子勇成癖，弯弓西射胡。健儿宁斗死，壮士耻为儒。官是先锋得，材缘挑战须。身轻一鸟过，枪急万人呼。”②健儿、壮士“耻为儒”，在战场上“勇”、“死”，不为当局重视，不为世人所知，不留下任何痕迹。只有联系上下诗句，才能更准确地了解“身轻一鸟过”中“过”字的分量。

(18)东坡作《病鹤》诗，尝写“三尺长胫瘦躯”，缺其一字，使任德翁辈下之，凡数字，东坡徐出其稿，盖“阁”字也。此字既出，俨然如见病鹤矣。③

(19)诗句以一字为工，自然颖异不凡，如灵丹一粒，点铁成金也。浩然云：“微云淡河汉，疏雨滴梧桐。”上句之工，在一“淡”字；下句之工，在一“滴”字。若非此两字，亦焉得为佳句也哉。④

例(18)句中诗眼用一“阁(搁)”字，即为“三尺长胫搁瘦躯”，准确、鲜明、传神。例(19)上句“淡”字，准确、生动、新奇；下句“滴”字，现成而准确，如闻其声。例(18)传形传神，例(19)传

---

① 欧阳修：《六一诗话》，引文转引自张声怡、刘九洲编《中国古代写作理论》第313页，华中工学院出版社1985年。

② 杜甫：《杜甫全集》第126页，上海古籍出版社1996年。

③ 唐庚：《文录》，引文出处同①，第318页。

④ 胡仔：《苕溪渔隐丛话》后集《孟浩然》，引文出处同①第319页。

色传声，都在诗眼一动字用得好。

宋代孙奕在《履斋诗话·炼字》中列举了杜甫诗中的许多字例。如：

> 诗人嘲弄万象，每句必须炼字，子美工巧犹多。如……《漫兴》云："糁(sǎn)径杨花铺白毡，点溪荷叶叠青钱"，……皆炼得句首字好也。《早春》云："红入桃花嫩，青归柳叶新"，……皆炼得第二字好也。……《春归》云："远鸥浮水静，轻燕受风斜"，……皆炼得句腰字好也。……《绝句》云："江碧鸟逾白，山青花欲然(古同'燃')"，……皆炼得句尾字好也。至于"绿垂风折笋，红绽雨肥梅"，……皆炼得五言全句好也。……"无边落木萧萧下，不尽长江滚滚来"，……皆炼得七言全句好也。①

上例杜甫诗句中的"糁"、"点"、"入"、"归"、"浮"、"受"、"白"、"然(燃)"等等，实字、虚字、死字、活字、动字、静字都有，其中有的出现在句首，有的出现在句中，有的出现在句末。可见，炼字要注重诗眼，但并不是只注重诗眼。所以，元代杨载说："句中要有字眼，或腰或膝或足，无一定之处。"②

元明时代，曲律盛行。明代王骥德在《曲律》中说："古谓百炼成字，千炼成句；又谓前有浮声，后有切响。要极新，又要极熟；要极奇，又要极稳。虚句用实字铺衬，实句用虚字点缀。务头须下响字，勿令提掣不起。押韵处，要妥贴大成，换不得他韵。照管上下文，恐有重字，须逐一点勘换去。又闭口字少

---

① 孙奕：《履斋诗话·炼字》，引文转引自张声怡、刘九洲编《中国古代写作理论》第318页，华中工学院出版社1985年。

② 杨载：《诗法家数》，引文出处同上，第319—320页。

用，恐唱时费力。”[①]王骥德说的“务头”，元明戏曲中一般指精彩、警辟或动听之处。王骥德的话，又使我们想起刘勰关于“避诡异”、“权重出”等的论述。

(2)组读构句

传统句读学中的组读构句之法，包括字的排列、字与字之间的关系、句式的选择以及字、辞、读在句中的作用等。

宋代陈骙在《文则》中说：

> 鼓瑟不难，难于调弦；作文不难，难于炼句。[②]

陈骙将“炼句”比喻为调弦，颇有见地。调弦不准，鼓瑟难以成曲；炼句不确，作文也难以成篇。

宋代范温在《潜溪诗眼》中论“句法之学”，虽仅就诗而言，可他涉及句子结构，确是对为诗为文者都有启发的。范温说：

> 句法之学，自是一家功夫。昔尝问山谷：“耕田欲雨刈欲晴，去得顺风来者怨。”山谷云：“不如‘千岩无人万壑静，十步回头五步坐’。”此专论句法，不论义理，盖七言诗四字三字作两节也。此句法出《黄庭经》，自“上有黄庭下关元”已下多此体。[③] 张平子《四愁诗》句句如此，雄健稳

① 王骥德：《曲律》，引文出处同 189 页注①，第 321 页。

② 陈骙：《文则》，引文出处同 189 页注①，第 313 页。

③ 《黄庭经》为道家气功学经典著作，由《上清黄庭内景经》、《太上黄庭外景经》两部分组成。内容是以七言歌诀讲说道家养生修炼的道理，观察五藏，而特重于脾土，以明中央黄庭之意。文中引例出自《太上黄庭外景经》第二句，上下文为：“老君闲居作七言，解说身形及诸神。上有黄庭下关元，后有幽阙前命门。”《太上黄庭外景经》因有晋代书法家王羲之(公元 321－379 年，一作 303－361 年)的写本而著名于世，范温引文当据此。《上清黄庭内景经》第一章开头是：“上清紫霞虚皇前，太上大道玉晨君。闲居蕊珠作七言，散化五形变万神。”

惬(qiè)。至五言诗亦有三字二字作两节者。老杜云："不知西阁意,肯别定留人。""肯别"耶?"定留人"耶?山谷尤爱其深远闲雅,盖与上七言同。①

引文中"山谷"指北宋诗人、书法家黄庭坚(公元1045—1105年),"张平子"指东汉科学家、文学家张衡(公元78—139年)。这里讨论"四字三字作两节","三字二字作两节",属句法中的节律问题。细究上引七言诗句,就节律看也有高低。试看各诗句的音步:

(20)A、耕田/欲雨/刈/欲晴

B、去得/顺风/来者/怨

(21)A、千岩/无人/万壑/静

B、十步/回头/五步/坐

例(20)A、B两句音步不协调,例(21)A、B两句音步一致。例(21)尚未查到出处,若为黄山谷即兴之句,只为说明(20)不如(21)而已。②

宋代词人张炎(公元1248—约1314年)在《词源》中论词中句法,在炼意的基础上,更强调语言用字的平易,句式表达的高妙。他说:

词中句法,要平妥精粹。一曲之中,安能句句高妙。只要拍搭衬副得去,于好发挥笔力处,极要用功,不可轻易放过,读之使人击节可也。如东坡《杨花词》云:"似花还似非花,也无人惜从教坠。"又云:"春色三分,二分尘

① 范温:《潜溪诗眼》,引文出处同189页注①,第312页。

② 关于"节律",详参第三章§3有关部分。

土，一分流水。”……此皆平易中有句法。（张炎《词源·句法》）

“东坡”即北宋文学家苏轼（公元1037—1101年）。他的《杨花词》，刻画细腻，情致缠绵。“杨花”即柳絮。“似花”、“似非花”，一对矛盾，平易而有新意。联系到下句“抛家傍路，思量却是，无情有思”，情系于花，花系于情。后句将“春色三分”，确是不凡。词中“春色”，集中写春花。这美丽的春花，二分归于泥土，一分付之流水，真是春尽令人悲啊。所以结句为：“细看来，不是杨花，点点是离人泪。”张炎论两句句法，第一句肯定、否定式，第二句总说、分说式，看似平常，联系词中的情和景，“高妙”二字是当之无愧的。

宋代词人秦观（公元1049—1100年）论赋中炼句，也有他独到的见解。他说：

赋中作用，与杂文不同。杂文则情词在人意变化，若作赋，则惟贵炼句之功，斗难，斗巧，斗新。借如一情，他人用之，不过如此。吾之所用，则虽与众同，其语之巧，迥与众别，然后为工也。赋家句脉，自与杂文不同。杂文语句，或长或短，一在于人。至于赋，则一言一字，必要声律。凡所言语，须当用意。屈折斫（zhuó）磨，须令协于调格，然后用之。不协律，义理虽是无益也。凡赋句全藉牵合而成。其初，两情甚不相侔（móu），以言贯穿之，便可为吾所用。此炼句之工也。[1]

---

① 吴景旭：《历代诗话》，引文转引自张声怡、刘九洲编《中国古代写作理论》第311页，华中工学院出版社1985年。

秦观在这里，不仅强调赋中炼句的“斗难，斗巧，斗新”，还突出赋“一言一字，必要声律”，并注意句与句之间“以言贯穿”，“牵”而“合”之。看来，这不只是赋与杂文的不同，古代韵文跟散文在句法上的差别，也都表现在这些方面。

元代范梈说：“句之所忌者，最忌虚中虚、实中实。须虚中有实，实中有虚。”①句子全用虚字固然不行，全用实字也是不好，因为这样的句子，不是站不住，就是不能很好地传情达意。造句必须虚中有实、实中有虚，才能将情和意准确地表达出来。

明代王骥德对句法说得比较空灵，可对我们也颇有启示。他说：

> 句法，宜婉曲不宜直致，宜藻艳不宜枯瘁，宜溜亮不宜艰涩，宜轻俊不宜重滞，宜新采不宜陈腐，宜摆脱不宜堆垛，宜温雅不宜激烈，宜细腻不宜粗率，宜芳润不宜噍杀。又总之，宜自然不宜生造。意常则造语贵新，语常则倒换须奇。他人所道，我则引避；他人用拙，我独用巧。平仄调停，阴阳谐叶，上下引带，减一句不得，增一句不得。②

王骥德一口气列举了句法中九种对立的情况，分类不一定很符合现代要求，可表述确是十分清楚。最后归结到“宜自然不宜生造”，更是颠扑不破的真理。“意常”贵语新，“语常”须换奇，也是作文的常例。

---

① 见吴景旭《历代诗话·诗法》，引文出处同 192 页注①，第 314 页。

② 王骥德：《曲律》，引文转引自张声怡、刘九洲编《中国古代写作理论》第 315 页，华中工学院出版社 1985 年。

清代学者对一些具体的句法现象的研究很多，颇见功力。我们先看王念孙《读书杂志》中的两例：

(22)《淮南·内篇》："禹沐浴霪雨，栉(zhì)扶风。"念孙案："沐"下本无"浴"字，"沐霪雨，栉扶风"，相对为文。多一"浴"字，则句法参差矣。(王念孙《读书杂志》十五第2页)

(23)《让王篇》："今周见殷之乱，而遽(jù)为政，上谋而下行货，阻兵而保威。"念孙案："上谋而下行货"，"下"字后人所加也。"上"与"尚"同。"上谋而行货，阻兵而保威"，句法正相对。(同上，十六[余篇]第28页)

例(22)"沐浴"二字同义并列，现代汉语已为合成词。用在此处则不仅同义重复，更造成"句法参差"，音节不一致。后世有成语"栉风沐雨"。例(23)也是从句法的不一致，断定"下"字为后人所加。王念孙正是有极强的句法结构观念，才可能下此断语，才可能发现前人没有发现的问题。

再看朱亦栋《群书札记》中的一例：

(24)《郑语》："是天启之心也。"韦注："'启'，开也，有'心'字，误。"案：此与下"天夺之明"，《左传》"天诱其衷"、"天假之年"，同一句法。"心"字非误也。(朱亦栋《群书札记》卷一第15页)

例(24)"郑语"为《国语·郑语》，"韦注"指三国时代吴人韦昭的注文。"天启之心"的"心"字不是多余的，其主要根据是下面有"天夺之明"句。若从《左传》找根据，"天A之B也"、"天A之也"，两者都有例证。

就句法结构来说，长和短、繁和简是相互矛盾的。古代学者崇尚简古，可也主张顺其自然。早在两千三百年前，庄子(公元约前369—前286年)在《骈拇》篇就说：

是故骈于明者，乱五色，淫文章，青黄黼黻之煌煌。非乎？而离朱是已。多于聪者，乱五声，淫六律，金石丝竹黄钟大吕之声。非乎？而师旷是已。枝于仁者，擢德塞(王念孙云"塞"当为"搴")性，以收名声，使天下簧鼓以奉不及之法。非乎？而曾史是已。骈于辩者，累瓦结绳窜句，游心於坚白同异之间，而敝跬誉无用之言。非乎？而杨墨是已。故此皆多骈旁枝之道，非天下之至正也。彼正(俞樾云"正"当为"至")正者，不失其性命之情。故合者不为骈，而枝者不为歧；长者不为有余，短者不为不足。是故凫胫虽短，续之则忧；鹤胫虽长，断之则悲。故性长非所断，性短非所续，无所去忧也。①

庄子文中"离朱"即离娄，传为黄帝时人，能视百步之外，见秋毫之末。"师旷"春秋时代晋国乐时，生而目盲，善辩声律。"曾史"即曾参、史鳝(qiū)，曾参，孔子弟子；史鳝，也作史鱼，春秋时魏国的大夫，以正直敢谏著名。"杨墨"指杨朱、墨翟，杨朱，战国时代魏国人，其说重在爱已，不以物累，不拔一毛以利天下；墨翟，春秋、战国之际的思想家，他主张兼爱、非攻、尚贤、尚同。当然，庄子是要用具体事例来说明哲学道理，事物质的稳定性和差别性在这里有所展示。他说的文章淫乱，"窜句"如累瓦结绳，确是组句谋篇中的"多骈旁枝之道"。"凫胫"、"鹤胫"譬之构句也颇相符。

---

① 王先谦：《庄子集解》第53—54页，《诸子集成》(3)，上海书店1986年。

关于“逸马杀犬”的典故是大家都知道的。下面有两条书例，可试作比较：

(25)文字意同而立语自有工拙。沈存中记穆修、张景二人同造朝，方论文次，适有奔马践死一犬，遂相与各记其事，以较工拙。穆修曰：“马逸，有黄犬遇蹄而毙。”张景曰：“有犬死奔马之下。”今较此二语，张当为优。然存中则云：“适有奔马践死一犬。”则又浑成矣。①

(26)欧阳公在翰林日，与同院出游，有奔马毙犬于道。公曰：“试书其事。”同院曰：“有犬卧通衢，逸马蹄而死之。”公曰：“使子修史，万卷未已也。”曰：“内翰以为何如？”曰：“逸马杀犬于道。”②

例(25)“造朝”就是上朝。例(25)、例(26)记同样的事，共出现五个句子。前人已分优劣，我们再略作分析。它们是：

A、马逸，有黄犬遇蹄而毙。

B、有犬死奔马之下。

C、适有奔马践死一犬。

D、有犬卧通衢，逸马蹄而死之。

E、逸马杀犬于道。

就语言简练来说，E 最优，B 次之。可两句记叙的对象并不相同，E 是记马，而 B 是说犬。同样，A 是记马，D 是说犬，可两句提供的信息也不一样。A 说“黄犬遇蹄”，不仅犬定为黄色，而且犬也在走，是巧“遇”奔逸的马蹄而毙。D 说“犬卧通衢”，

---

① 陈善：《扪虱新话》，引文转引自张声怡、刘九洲编《中国古代写作理论》第 326 页，华中工学院出版社 1985 年。

② 《唐宋八家丛话》，引文出处同①，第 327 页。

那是犬睡在大路上，被狂奔的马踩死了。C却突出了时间，是两人上朝时亲眼所见，“适有”二字用得好。若不强调时间，“奔马践死一犬”，跟“犬死奔马之下”，“逸马杀犬于道”，字数和效果不相上下。因为，在一定条件下，E的“于道”二字也可认为是多余的信息。看来，只要句子本身没有毛病，孤立地判定一个句子的优劣并不可靠。关键是，一定的句子要用在一定的地方，能准确地传达所要传达的信息。所以，孔夫子说：“辞，达而已矣。”①

古代学者还注意到，诗文中句法，一般不长于七字，不少于二字。下面是历代学者的一些具体论述：

> 句者，联字以为言，则一字不制也。（唐代孔颖达《毛诗正义》）

> 诗之文句，长者不逾八言，短者不减二言。（宋代陈骙《文则》）

> 七言之外，句法虽长，皆可读也。（清代梁廷枏《曲话》）

> 短于七字者无论，若长于七字，则虽作一句，究之必有可读之处。是以唐人近体，至七字而止，七字之声音克谐也。今遇八字以上句，并加读焉。（清代周祥钰《大成曲谱论例》）

古人研究句读，不仅注意何者为句，何者为读，还注意到句读长度的一般规律。七字为常规句限便是古代诗文中最普遍的

---

① 邢昺(bǐng)：《论语注疏》第六十三页，《十三经注疏》下册第2518页，中华书局1980年。

规律，也符合现代实验心理学的实验结果。

关于句法，古代学者尽管崇尚先秦、两汉的古典句式，却也有学者明确地提出了发展的观点。如明代曾异撰就说：

> 今使缩长句为短句，难；展短句为长句，易。是以从后人而观，则欧苏流畅于韩柳，韩柳流畅于史汉，史汉流畅于左氏，左氏流畅于《尚书》。然则《尚书》、《左传》短节中未尝不畅不劲，秦汉而后，遂以渐加，斯则句从古短，字以世增。①

明清时代，尚古之风颇盛。曾异撰通过历史比较，说明句式发展的事实，并归纳出“句从古短，字以世增”的规律，跟食古不化者形成鲜明的对照。

(3)组句谋篇

组句谋篇是指整体构思、灵活自然地表达思想内容的方法，包括语脉的调理、语料的剪裁、开头结尾、层次段落、过渡照应等。刘勰说：

> 凡思绪初发，辞采苦杂，心非权衡，势必轻重。是以草创鸿笔，先标三准：履端于始，则设情以位体；举正于中，则酌事以取类；归余于终，则撮辞以举要。然后舒华布实，献替节文。绳墨以外，美材既斫(zhuó)，故能首尾圆合，条贯统序。若术不素定，而委心逐辞，异端丛至，骈

---

① 曾异撰：《与赵十五书》，引文转引自郑奠、麦梅翘编《古汉语语法学资料汇编》第204页，中华书局1964年。

赘必多。[①]

刘勰说的是，在开始构思的时候，辞语运用常苦于庞杂，人心不是天平，哪能轻重完全适当。因此，要写出好文章，须先定三个准则：开始动笔，就要根据设想的内容安排一定的段落；写的过程中，又要根据论述的事理选择恰当的类例；到结尾终篇，还要选择辞语确切地表达文章要义。做到这些，然后才能舒花布实，去芜存菁[②]，调节文采。有如木匠，就是对好的木材，绳墨以外的都要砍去，这样才能条理贯通，系统有序。如果这些准则不确定下来，而是想到什么就写什么，那就会异端丛至，骈枝赘语一定很多。[③] 一千五百年来，刘勰的"熔裁三准"是任何讨论章法、篇法的理论或教科书都不能忽视的准则。

刘勰在《文心雕龙·附会》篇中更进一步论述"附辞会义"。他说：

何谓"附会"？谓总文理，统首尾，定与夺，合涯际，弥纶一篇，使杂而不越者也。若筑室之须基构，裁衣之待缝缉矣。[④]

"附会"是总和文章条理，统领首尾段落，决定可否取舍，组合

① 刘勰：《文心雕龙·熔裁》，引文见周振甫《文心雕龙今译》第293页，中华书局1986年。

② 原文"献替"，即《附会》篇的"献可替否"。赵仲邑先生"依黄校作'献质'来译"（《文心雕龙译注》第287页，广西人民出版社1987年），似不妥。另《章表》篇有"献替黼扆"，即在黄帝面前"献可替否"。

③ 译文参周振甫《文心雕龙今译》（中华书局1986年）、赵仲邑《文心雕龙译注》（广西人民出版社1982年）有关章节。

④ 刘勰：《文心雕龙·附会》，引文见周振甫《文心雕龙今译》第373页，中华书局1986年。

章节边际，如青丝布满全篇，使文章内容丰富而不凌乱。这好比盖房子须要基础和构架，裁衣服须要缝合和缉（qī）边。

前已论及，元代程端礼根据教学的需要，从阅读和写作的不同角度来探求字、句、章、篇之法。他打了一个很有启发的比喻。他说：

> 譬之于树，通看则由根至表，干生枝，枝生华叶，大小次第相生而为树。又折一干一枝看，则又皆各自有枝、干、华、叶，犹一树然，未尝毫发杂乱。此可以识文法矣。①

程端礼强调，先要熟读，然后反复详看，深入领会文章的篇法、章法、句法、字法，这有如树之干、枝、花、叶，各得其所，各有所依。的确，“此可以识文法矣”。

宋代魏庆之在《诗人玉屑》中说到：“魏文帝曰：‘文以意为主，以气为辅，以词为卫。”（《诗人玉屑》卷六）“魏文帝”即三国魏主曹丕，“主”、“辅”、“卫”分别为主将、辅佐、兵卫意。程端礼在教学生中把这个道理说得更为明白。他说：

> 作文以主意为将军。转换开阖，如行军之必由将军号令。句则其裨将，字则其兵卒，事料则其器械，当使兵随将转。……如通篇主意间架未定，临期逐旋模拟，用尽心力，不成文矣。切戒！②

程端礼说的“主意”，相当于现代汉语的“主旨”，即主要的意义、用意或目的。“主意为将军”，“兵随将转”，主意统帅句、字和事料。这跟刘勰论述的“熔裁三准”、“附辞会义”完全一致。

---

① 程端礼：《程氏家塾读书分年日程》卷二第3—4页，《四部丛刊续编》（四九）上海书店1984年。

② 出处同①，第16—17页。

刘勰还说过，“三准既定，次讨字句。句有可削，足见其疏；字不得减，乃知其密。”[1]程端礼论篇、章、句、字，譬之树之干、枝、花、叶，譬之将军、裨将、兵卒，对初学者是很形象的启示，对专门家也有参考的价值。程端礼说得十分清楚，主意是纲领，字句是基础。

清代李渔（公元1611—约1679年）在《闲情偶寄》中说：

> 古人作文一篇，定有一篇之主脑。主脑非他，即作者立言之本意也。传奇亦然。[2]

李渔说的“主脑”，即程端礼说的“主意”。李渔还提出结构第一，词采第二，音律第三，宾白第四，科诨第五，格局第六的原则。他讨论的虽然是戏曲问题，对于一般的篇章行文，也是很有启发的。

为了更好地表现思想内容，古代学者非常重视诗文的开头和结尾。唐代伟大诗人白居易（公元772—864年）就说：

> 首句标其目，卒章显其志，诗三百之义也。[3]

首句标明目的，结尾显示志趣，这是《诗经》三百篇的要义。元代陶宗仪在《辍耕曲录》中记载：

> 乔梦符（吉）博学多能，以乐府称。尝云：“作乐府亦有法，曰风头、猪肚、豹尾六字是也。”大概要起得美丽，中要浩荡，结要响亮。尤贵在首尾贯穿，意思清新。苟能若

---

① 刘勰：《文心雕龙·熔裁》，引文见周振甫《文心雕龙今译》第294页，中华书局1986年。

② 李渔：《闲情偶寄》，郭绍虞主编《中国历代文论选》第三册第271页，上海古籍出版社1980年。

③ 白居易：《新乐府序》，郭绍虞主编《中国历代文论选》第二册第108页，上海古籍出版社1979年。

是，斯可以言乐府矣。[①]

“凤头、猪肚、豹尾”，虽是不易准确掌握，确实是比较确切、形象的提法。

元代倪士毅在《作文要诀》中更从多方面论及首尾照应等问题。他说：

> 要是下笔之时，说得首尾照应，串得针线细密，步步思量主意，句句挑得明紧，教他读去顺溜。又大概文字全在呼唤，有时数句全在数个字挑剔得好，须是十倍精神。自此之外，又有一项法度：一篇之中，凡有改段接头处，当教他转得全不费力，而又有新体。此虽小节，亦看人手段。（《作文要诀·总论》）

倪士毅在这里不仅谈到“首尾照应”，还论及文字应用和“改段接头”。“小节”不小，组句谋篇的高下就表现在这些地方。

关于层次段落，清代刘熙载有相当精彩的论述。他说：

> 章法不难于续而难于断。先秦文善断，所以高不可攀。然“抛针掷线”，全靠眼光不走；“注坡蓦涧”，全仗缰辔在手。明断，正取暗续也。（刘熙载《艺概·文概》）

章法中的“断”与“续”，古代学者论述颇多。宋代胡仔《苕溪渔隐丛话》说“意若贯珠”，元代杨载《诗法家数》说“文脉贯通，意无断续”，明代何景明《与李空同论诗书》说“辞断而意属，联类而比物”，清代方东树《昭昧詹言》说“语不接而意接”。总之，语言文字是为表达思想内容服务的，思想内容是一个整体，即

① 陶宗仪：《辍耕曲录·作今乐府法》，郭绍虞主编《中国历代文论选》第二册第483页，上海古籍出版社1979年。

“意若贯珠”，“意无断续”；可语言表达是线性的、分解式的、有层次的，因而，语言表达形式必须做到“辞断而意属”，“语不接而意接”。

究竟怎样将“意”和“辞”有效地组合起来，刘熙载继承前人的研究成果和实践经验，概括为：

> 起、承、转、合四字，“起”者，起下也，连合亦起在内；“合”者，合上也，连起亦合在内；中间用“承”用“转”，皆兼顾起合也。（刘熙载《艺概·经义概》）

“起、承、转、合”四字，正是古代学者研究文章意脉和语言结构的最精炼的概括。刘熙载在《艺概·诗概》还说到：“起有分合缓急，收有虚实顺逆，对有反正平串，接有远近曲直。欲穷律法之变，必先于是求之。”

方东树对“气脉”与“章法”的关系有更进一步的探讨。他说：

> 大约诗文以气脉为上。气所以行也，脉绾（wǎn）章法而隐焉者也。章法形骸也，脉所以细束形骸者也。章法在外可见，脉不可见。气脉之精妙，是为神至矣。①

方东树的“气脉形骸”说，虽是比喻，却形象明了，对现代人理解内容形式两者的关系不无启示。

古代学者在组句谋篇的写作实践和理论探索中，对构思、立意、结构、语言等方面都有很可宝贵的经验和成果。从内容的表达到语言的运用，必须预先有周密的思考，否则，就会“异端丛至”，“用尽心力，不成文矣”。

---

① 方东树：《昭昧詹言》，引文转引自张声怡、刘九洲编《中国古代写作理论》第161页，华中工学院出版社1985年。

附：古文句读分析两篇

说明：为了尽可能体现古代句读分析的成果，又不出现过多的交叉重复，特作如下说明，以利有意进一步探索者参考。

一、句以唐代湛然“凡经文语绝处谓之句”为标准。

二、读以唐代湛然“语未绝而点之以便颂咏谓之读”为标准。

三、实字、虚字区分的标准是：“有形体者为实”，“无形体者为虚”。

四、死字、活字区分的标准是：“死谓其自然而然者”，“活谓其使然而然者”。因“实字皆是死字”，不再标明为“死”。

五、实字虚用、死字活用时另分别注明。

六、语助取其“不为义”及构句作用两条标准，包括“其”、“之”等，但不标“句首”、“句中”、“句末”字样。

1. 春秋公羊注疏序

汉·何休

昔者读，孔子有云读，“吾志在《春秋》读，行在《孝

虚死语助　实虚活虚活　虚死虚死虚活实　虚死虚活实

经》句。”此二学者读，圣人①之极致读，治世之要务也句。

语助虚死实语助　实语助虚死虚死　　　虚活实语助虚死虚死语助

传《春秋》者非一读，本据乱而作读，其中多非常异义可

虚活实语助虚活虚死　虚死虚活虚死语助虚活　语助虚死虚活虚死虚死虚死

怪之论句。　说者疑惑读，　至有倍经任意、

虚死虚死语助虚死　虚活语助虚活虚活　虚活虚活虚活实虚活虚死

反传违戾者读，其势虽（一说“维”）间读，不得不广句。

虚活虚死虚活虚死语助　语助虚死虚死虚活　　　　虚死虚死虚死虚活

是以讲诵师言至于百万读，犹有不解读，时加酿嘲辞句。

语助虚活虚活实虚活语助虚死虚死　语助虚活虚死虚活　虚死虚活虚活虚活虚死

援引他经读，失其句读读，以无为有句。甚可闵笑者读，

虚活虚活虚死实　虚活语助实实　虚活虚死虚活虚死　虚死虚死虚死虚活语助

不可胜记也句。是以治古学、贵文章者读，谓之俗儒句。

虚死虚死虚死虚活语助　语助虚活虚死虚死　虚活实实语助　虚活语助虚死实

至使贾逵②缘隙奋笔读，以为《公羊》可夺读，《左氏》可兴句。

虚活虚活实虚活实虚活实　　虚活虚活实虚死虚活　　实虚死虚活

恨先师③观听不决读，多随二创句。此世之余事读，

虚活虚死实虚活虚活虚死虚活　虚死虚活虚死虚死　语助实语助虚死实

斯岂非守文持论、败绩失据之过哉句。余窃悲之久矣句。

语助语助虚活虚活实虚活虚死　虚活实虚活实语助虚死语助　虚死虚死虚活语助

往者读，　略依胡母生④条例读，　多得其正读，

虚死语助　虚活语助虚死虚活实实　虚死虚活语助虚死

故遂隐括使就绳墨⑤焉句。

语助虚死虚活虚活虚活虚活虚死虚死语助

（《十三经注疏》下册第2190—2191页，中华书局1980年）

①“圣人”作实字组，不再细分。

②贾逵(公元30—101年)，东汉注释家。少时通《五经》及《左传》，明五家《谷梁》之说。汉明帝刘庄永平(公元58—74年)年间，献《左氏传解诂》30篇、《国语解诂》21篇，明帝重其书，写藏秘馆。章帝刘炟(dá)(公元75—88年在位)时，令贾逵自选通《公羊》的严彭祖、颜安乐等高才者20人，教以《左氏传》。贾氏所著皆不传。据《后汉书·贾逵传》载，贾逵曾奏称：“《左氏》义深於君父，《公羊》多任於权变。”还说：“《左氏》崇君父，卑臣子，强干弱枝，劝善戒恶，至明至切，至直至顺。”其倾向是十分明显的。

③唐代徐彦疏：“此先师戴宏等也。凡论义之法，先观前人之理，听其辞之曲直，然以义正决之。今戴宏作解，疑论而难《左氏》，不得《左氏》之理，不能以正义决之，故云‘观听不决’。‘多随二创’者，上文云‘至有倍经任意、反传违戾者’，与《公羊》为一创；又云‘援引他经，失其句读’者，又与《公羊》为一创。今戴宏作解，疑论多随此二事，故曰‘多随二创’也。”

④胡母生，即齐人胡母子都，与公羊寿将《春秋公羊传》著于竹帛，形诸文字。“胡母”，复姓。

⑤“绳墨”，此处当为虚死字，非实字，是为实字虚用。

2. 师　说

唐·韩愈

古之学者[1]必有师句。师者读，所以传道、受业、

虚死语助虚活语助虚死虚活实　实语助　语助虚活虚死　虚活虚死

解惑也句。人非生而知之者读，　孰能无惑句？

虚活虚死语助　实虚活虚活语助虚活语助语助　语助虚活虚活虚死

惑而不从师读，其为惑也读，终不解矣句。生乎吾前读，

虚死语助虚死虚活实　语助虚活虚死语助　虚死虚死虚活语助　虚活语助虚死虚死

其闻道也读，固先乎吾读，吾从而师[2]之句。生乎吾后读，

语助虚活虚死语助　语助虚死语助虚死　虚死虚活语助虚活语助　虚活语助虚死虚死

其闻道也读，　亦先乎吾读，　吾从而师[2]之句。

语助虚活虚死语助　语助虚死语助虚死　虚死虚活语助虚活语助

吾师[2]道也夫[3]读，庸知其年之先后生於吾乎句。

虚死虚活虚死语助　语助虚活语助实语助虚死虚死虚活语助虚死语助

是故无贵无贱读，无长无少读，道之所存读，师之所存也句。

语助虚活虚死虚活虚死　虚活虚死虚活虚死　虚死语助语助虚活　实语助语助虚活语助

嗟乎句！师道之不传也久矣读，欲人之无惑也难矣句。

语助　实虚死语助虚死虚活语助虚死语助　虚死实语助虚活虚死语助虚死语助

古之圣人[4]读，其出人也远矣读，犹且从师而问焉句。

虚死语助实　语助虚活实语助虚死语助　语助虚活实语助虚活语助

今之众人读，其下圣人也亦远矣读，而耻学於师句。

虚死语助虚死实　语助虚活实语助语助虚死语助　语助虚活虚活语助实

是故圣益圣读，愚益愚句。圣人之所以为圣读，
语助虚死语助虚活　虚死语助虚活　实语助语助虚活虚死

愚人之所以为愚读，其皆出於此乎句。爱其子读，
虚死实语助语助虚活虚死　语助虚死虚活语助语助语助　虚活语助实

择师而教之读；於其身也读，则耻师焉读，惑[5]矣句。
虚活实语助虚活语助　语助语助实语助　语助虚活虚活语助　虚活语助

彼童子之师读，授之书而习其句读者读，非吾所谓传其道、
语助实语助实　虚活语助实语助虚活语助实实语助　虚活虚死语助虚活语助虚死

解其惑者也句。句读之不知读，惑之不解读，或师焉读，
虚活语助虚死语助语助　实实语助虚死虚活　虚死语助虚死虚活　语助虚活语助

或不焉句。小学而大遗读，　吾未见其明也句。
语助虚死语助　虚死虚活语助虚死虚活　虚死虚死虚活语助虚死语助

巫、医、乐、师百工之人不耻相师读，士大夫之族曰师、
实实实实虚死虚死语助实虚死虚活虚死虚活　实实语助虚死虚活实

曰弟子云[6]者读，则群聚而笑之、问之句。则曰读：
虚活实语助语助　语助实虚活语助虚活语助　虚活语助　语助虚活

“彼与彼年相若也读，道相似也读，位卑则足羞读，
语助语助语助实虚死虚活语助　虚死虚死虚活语助　实虚死语助虚死虚活

官盛则近谀句。”呜呼句！师道之不复可知矣句。
实虚死语助虚死虚活　语助　实虚死语助虚死虚死虚死虚活语助

巫、医、乐、师百工之人读，　君子不耻读，
实实实实虚死虚死语助实　实虚死虚活

今其智乃反不能及读，其怪也欤句！圣人无常师句。
虚死语助虚死语助虚死虚死虚死虚活　语助虚死语助　实虚活虚死实

孔子师[7]郯(tán)子、苌弘、师襄、老聃句。郯子之徒读，
实虚活　实　实　实　实　　　　　　　实语助虚死

其贤不及孔子句。孔子曰读:“三人行读,则必有我师句。”
语助虚死虚死虚活实　实虚活　虚死实虚活　语助虚死虚活虚死实

是故弟子不必不如师读，　师不必贤於弟子句。
语助实虚死虚死虚死虚活实　实虚死虚死虚活语助实

闻道有先后读，　术业有专攻读，　如是而已句。
虚活虚死虚活虚死虚死　虚死虚死虚活虚死虚活　虚活虚死语助

李氏子蟠读,年十七读,好古文读,六艺经传皆通习之[8]句。
实实实　实虚死　虚活实　实实实　虚死虚活虚活语助

不拘於时读，　学於余句。余嘉其能行古道读，
虚死虚活语助虚死　虚活语助虚死　虚死虚活语助虚死虚活虚死虚死

作《师说》以贻之句。
虚活实语助虚活语助

(《韩昌黎全集》第185—186页,北京中国书店1991年)

---

①“学”,虚活字。“学者”之“学”仍为虚活字。“学者”字组的实字功能是“者”赋予的。“X者”的分析,下同。下文“巫、医、乐、师”均“巫者、医者、乐者、师者”义,为实字。或有“乐师”二字连读者,似不妥,与文意不符。

②“师者”之“师”为实死字,“师之”之“师”为虚活字,此为实字虚用。下“师之”、“师道”同。“耻师”之“师”,非实字,此意为“耻师于人”,当为虚活字。

③此有读“夫”字属下者,不妥。袁仁林《虚字说》:“‘也夫’,合声。‘也’字稍勒扬起,‘夫’字平铺吁息。”并举孔子语“莫我知也夫”为例。孔子语出《论语·宪问》。原文为:“子曰:‘莫我知也夫。’子贡曰:‘何为其莫知子也?’……”疏:“子曰莫我知也夫”者,言无人知我志者也。“子贡曰何为其莫知子也”者,子贡怪夫子言,故问“何为莫知子”。(何晏集解、邢昺疏《论语注疏》第57页,《十三经注疏》下册第2513页,中华书局1980年。)

④“圣人”作实字组,不再细分。下同。“君子”亦作实字组。但“愚人”、“众人”

不作实字组。

⑤“解惑”之“惑”,“惑之不解”之“惑”为虚死字,“惑矣”之“惑”为虚活字。

⑥“X 云”的“X”若非人名、经名,“云”缀於句末,是为语助。“不知所云”、“礼云”、“乐云”之“云”为实义的虚活字,非语助。

⑦“孔子师 X”之“师”为虚活字,跟②“师之”、“师道”同。

⑧《韩昌黎全集》将“习之”读属下句,不妥。上句当为“六艺经传皆通习之”,下句的“不拘於时”是不拘于“耻师”的时尚。若“习之不拘於时”中的“时”作时间解,于原义不符,且与下句“学于余”语义不畅。

主要参考文献

《十三经注疏》,中华书局1980年。

《二十五史》,上海古籍出版社、上海书店1986年。

《诸子集成》,上海书店1986年。

许　慎:《说文解字》,中华书局1953年。

王　筠:《说文解字句读》,中华书局1988年。

程端礼:《程氏家塾读书分年日程》,《四部丛刊续编》(49),上海书店1984年。

卢以纬著、王克仲集注:《助语辞集注》,中华书局1988年。

袁仁林著、解惠全注:《虚字说》,中华书局1989年。

刘　淇:《助字辨略》,中华书局1954年。

王引之:《经传释词》,中华书局1956年。

俞　樾等:《古书疑义举例五种》,中华书局1956年。

郑　奠、麦梅翘编:《古汉语语法学资料汇编》,中华书局1964年。

张声怡、刘九洲编:《中国古代写作理论》,华中工学院出版社1985年。

马建忠:《马氏文通》,商务印书馆1983年。

季永兴:《〈马氏文通〉与句读之学》,《古汉语研究》1999年第2期。

季永兴:《古汉语实字虚字考察》,《湖北大学学报》1999年第6期。
杨树达:《高等国文法》,商务印书馆1984年。
洪　诚:《中国历代语言文字学文选》,江苏人民出版社1982年。
吴文祺、张世禄:《中国历代语言学论文选注》,上海教育出版社1986年。
周斌武:《中国古代语言学文选》,上海古籍出版社1988年。

后　记

本书是在讲稿的基础上整理而成的。近十年来，先后多次给研究生讲这样一门课，其目的是：从浩瀚的古代典籍中发掘和整理我国古代学者研究句、读、字的组织规律的成果，初步将两千多年来的句读理论和方法系统化，引导学生认真地总结过去，努力地开拓未来，为汉语语法研究提供历史参照系和新的借鉴出发点。

在讲课和整理书稿的过程中，不仅处处离不开古代学者的研究成果，也时时向现代学者的论著求教。同行的交流，同事的支持，朋友的帮助，听课研究生、访问学者和进修教师的意见和建议，都给我灵感和力量。特别是商务印书馆的责任编辑谢仁友同志，不仅认真地三次审稿，细心推敲，还在稿页上写下许多具体意见和建议，并拟出修改纲目，使本书得以进一步提高。第二次修改稿件时，正是我旅美期间。稿件寄到，我颇为焦急，幸好华盛顿国会图书馆能找到有关资料，工作才得以顺利完成。

非常感谢张万起先生。事实上，没有万起先生的督促和鼓励，本书不可能以现在的面貌跟读者见面。

中国古代的句读理论和方法极为丰富，发掘、整理的任务绝非本书所能完成，希望本书能起到抛砖引玉的作用。书中错误或不当之处，敬请方家批评指正。

季永兴

2000 年 7 月于桂林